大経済学

―大科学者フンボルトを源流とする―

はじめに

経済学は対象が常に変化しているので、その動的「実態」を把握し、その俯瞰的なメカニズムを描きだすことは難しいとよく言われます。つまり時間軸が希薄だと経済学を上手く語れないのです。そういえば既存経済学の論述の多くは「概念的な言葉で時間軸の乏しさを必死に補おうとしている」ように見えます。先に上梓した『価値論なきロゴス経済学の限界』（三省堂書店／創英社）も、友人からは「概念的な言葉が多く堅すぎる」と助言をもらいましたが、それは時間軸が希薄であったことに原因があったのかもしれません。そこで、一般社会の空間で交わされるなじみやすく時間軸を包含した解説版を書したくなりました。

「人間の死への畏れが時間を生み、時間が存在（＝価値）を担保し、存在が意志の社会化を齎す言語と価値の移動・保存を可能せしめる貨幣を以って、文化・文明世界を生み出した。富という状態（＝概念）はヒトが貨幣・通貨を生み出したことで出現し、その肥大化が格差社会をこの世に出現させた」と私はこの世の歴史的変遷を俯瞰的に捉えているのですが、そうであれば時間軸を何事にも組み込むことは、それが効果的である以上に、「何事であれ、時間軸なき所見に説得力なし」と言わねばなりません。

問題は経済学の解説に、いかにして平易な言葉で時間軸を帯同させるか？　です。……そこで思いついたのが、その性格を併せ持つメール・マガジンの『読者の声欄』への投稿文を引用する策であり、具体的には私が常日頃投稿させていただいている宮崎正弘氏の主催する「国際情勢解題」というメール・マガジンです。この方法は、各論から始まり（主に因果関係を頼りに）徐々に（時間軸欠如の主因と疑われる）ピラミッド型に理論を導いていくといった通常の（テーマ別に積み上げていく）経済書とは異なり、専らメルマガ投稿文を「解説用因子」にして編集された経済学書ならば「時間軸を弁えた平易な文章からなる経済書に仕上げることができるかも」と期待しての試みです。換言すれば『テーマ積み上げ型と時間軸含有型』の双方を備えた経済論を書いてみたかったのです。これは人間の思考原理はあくまで設計的な「〜であるべき論」（＝テーマ積み上げ型）ですが、生命本来の構造原理はどこまでも発生的な「〜となる、〜である論」（＝時間軸包含型）であるからして、ピラミッド型はとかく前者に属してしまい、これが経済書が時間軸の希薄な論述ばかりとなる原因となっている現状を大きく変えようとするものです。

■私は「この世のカラクリを見つけ出す」をテーマに、読書を重ねてきましたが、２０１９年に

「負債の網」（The Web of Debt: エレン・H・ブラウン著　那須里山舎）を読んで「この世のカラクリ」の一つがクリアになったような気がしました。

この本は「この世のカラクリは世界の民間銀行の〝融資〟と言う行為が〝元手（原資）〟なしで通貨を誕生させていて、これが資本主義経済における〝問題点〟の発端になっている」といっているのです。誰もが「銀行というのは多くの人から預金を集め、それを原資として他者に融資し金利を得ることを商にしているものだ」と思っていることを、多くの実態や証拠を踏まえ、「そうではない」と説明しています。

2017年6月に「新説貨幣論」として私は「世界をグローバル化が覆い、その結果格差問題が各地で惹起され、リーマン・ショックなどの経済問題がこれらと交差する中で、世界を覆う国際金融システムの〝巨大な歪〟の根源は、この通貨の表象的現象の奥に隠されてきた（いる）ような気がします。そしてそれを実現させ得たのは、融資をその金額のままで資産として簿記上記帳することを認めてしまう会計学にも問題があるように思われる」と記しました。つまり、この私の〝仮説〟と同じ内容の趣旨が、この「負債の網」に詳しく紐解かれているのです。

これには驚きました。なぜなら、『融資』に纏わる私の〝疑念〟は、学者はもとより、誰も日本では指摘してこなかったのはなぜなのか不思議だと思っていたのですが、「負債の網」ではアメリカでは植民地時代から大変大きな問題として繰り返し取り上げられていて、それが今も解決されずにいることが説明されていること。そして、そのころ話題に上がってきたMMTがこの〝融資〟の根本的問題の延長線上に密接に関係していることを教えられたからです。「私たちの通貨制度に関する思い込みは間違っている。私たちの通貨は（実態は民営の）連邦準備制度を含む民営銀行機関が拡張する融資という形で発行されている。諸銀行は元金だけを発行し、融資の利息を支払うための追加の通貨は発行しない。利息分のお金を調達するためには新たな融資を際限なく受ける必要があり、こうしてマネーサプライが拡張され、物価が膨張し、あなたの通貨の本来の価値が、強奪される」。以上が「債務の網」に書かれた要約です。

「この世のカラクリ」の実像は、現代資本主義が抱える根源的問題点が、この民間銀行の融資行為のカラクリにあることが、この「負債の網」なる書籍で確信できたことは、私にとって2019年における最大の成果だと感じています。

■既刊の『この世のカラクリ＝価値論なきロゴス経済学の限界』の内容をまとめてしまえば「**ヒトが求めるのは（暫定的な）貨幣・通貨ベース経済学ではなく、（本質的な）価値ベース経済学**

であるはずだ。これは補助線として、ヒトにとってこの世は〝天然価値と人工価値という二つの世界の存在を形而上学的に設定することで説明が可能となる。今までの経済学は〝価値と通貨は等しい〟ことを前提に構築されていることが問題であり、それを〝担保〟しているのはほかならぬ〝内生的貨幣供給理論〟なのだ」ということになります（天然・人工価値については本論「生命学的経済原論」を参照ください）。

この総括を導くためには、それが旧来の経済学に大きな変化（修正）を齎すために、経済学からいったん距離を置いて、「この世のカラクリ」はいったいどのようなメカニズムで動いているかといった俯瞰的かつ概念的な道のりを歩み続けることを経てこそ、それが可能になると考えました。そして、「この世のカラクリ」のメカニズムを探索する道程で見えたことは「自然科学・生物・生命科学的にも哲学的にもすべてが動的であり、固定的な姿はそこには存在せず、あるのは常にバランスを求めて動くレシプロシティという流動的状態であるということでした。角度を変えて言えば、自然科学・生物・生命学的アプローチも、そして歴史・哲学的アプローチも、キーワードは「ピュシス（＝フィシス）の世界に存在する天然価値とロゴスの世界を構成する人工価値のギャップと（動的な）レシプロシティ」であり、人間とは「天然価値と人工価値の間のレシプロシティの形態たる動的平衡を求めて止まぬ生命体である」ということを改めて教えられ、ようやくたどり着いた所には「生命体とは代謝の持続的変化であり、この（まさに時間軸なくしては語ることのできない）変化こそが生命の姿である」ことを発見した分子生物学者のシェーンハイマーと哲学者ニーチェがいたように感じたのです。換言すれば、生命体にとっては「代謝の持続的変化」イコール「経済活動」であり、人間にとっては「経済活動」イコール「生物学的生命維持活動（＝代謝）」であると見なせば、この世のカラクリの全体像が視界に入ってくるような気がし、それを私は「**大経済学＝価値論×（生物学＋経済学＋会計学）**」と定義したいのです。この生物学と会計学をプラスした意味の重要な意味を本書で後述してまいります。

■以上の知見を懐に、この世の経済学の太宗である資本主義の「カラクリ」へ踏み込んでみると、その実像はこれまで唱えられてきた常識とは大きく異なるものでした。その概要を辿ってみたいと思います。

人類に対する資本主義経済の恩恵は大変なものでありましたが、その恩恵が大きくなるに従い、そのベクトルは徐々にパラドックス現象を生み、ついには恩恵を凌駕するほどになってきました。そして、最終段階に至っては、それから逃げられぬほどベクトルが大きく歯止めがかからなくなり、社会を顕著に蝕む状況に立ち至りました。この一連の動きを齎した最たるものが、資本主義というエンジンの役割を担ってきた内生的貨幣供給理論（くだけた言い方をすれば〝お金〟の〝無料自動発券機設置制度〟もしくは〝天からお金が降ってくるカラクリ〟）であるといえましょう。つまり、旧来の経済学はその前提を「価値と貨幣通貨を同一視すること」で成立してきました。この理論は、歴史の経緯を勘案すれば、その存在を一概には否定できぬものではありましたが、ニクソン・ショックでドルの金兌換が廃止される頃から、その弊害が〝肥大化〟し、限界に陥ったのです。言い換えますと、内生的貨幣供給説やMMTは「貨幣・通貨が価値を生むという価値創造機能貨幣説」の「価値」という概念が実は「天然価値」であるにもかかわらず、それを「人工価値」に「すり替える」（＝同一視する）カラクリ（トリック）から成り立っているのです。しかし、そのために生じたレシプロシティの不均衡がパラドキシカルに増幅し、ついに「価値イコール貨幣・通貨」を前提とする、アダム・スミスからケインズに至る経済学を〝追い込んで〟しまい、価値論を十分に内包した経済学への模索を求めざるを得ないようになったのです。

「価値イコール貨幣・通貨である」という誤解（カラクリ・トリック）を生み出した源流はどこにあるのか？　それを遡るに養老孟司氏の「人間は『等しい・等しくする』という機能を獲得し、『何かと何かを同一視する』こと」にあるとする生物学的特徴に求め、同時にあらゆる生命体の特徴である動的な「レシプロシティ」がキーワードになることを私は感じ取ったのです。

これは生命本来の構造原理はどこまでも発生的な「〜となる。〜である」論であり、経済という人文科学に生命科学的考察を重ねるという今までにない試みであり、多くの既存経済学を学んできた人たちはそれを〝非常識極まりない妄想である〟と見なすに違いありません。

■拙書はいかなる方向に向かうのでしょうか？

中野剛志氏の『変異する資本主義』（ダイヤモンド社）によると、シュンペーターの定義によれば、資本主義とは、三つの特徴を有する産業社会のことである。第一に、物理的生産手段の私有、第二に、私的利益と私的損失責任、そして第三に、民間銀行による決済手段（銀行手形あるいは預金）の創造、である。このうち、第三の特徴（民間銀行による決済手段の創造）は、資本主義の定義の中でも特に重要とされている。第一と第二の特徴はあっても、第三の特徴が欠けているような社会は、商業社会ではあろうが、資本主義ではないとシュンペーターは言うのである。……シュンペーターの資本主義に関する理論は内生的貨幣供給理論が核となっていること。然し、『価値論なきロゴス経済学の限界』は、中野氏が「資本主義とは経済変化の「過程」であり、時間とともに「変異」していくものだと言われているように、シュンペーター理論はニクソン・ショック以後は変異していてしかるべきだ、としていること。そして（本稿でこれは追々説いていくことになりますが）「内生的貨幣供給理論」というより、実は「内生的天然価値的〝貨幣〟供給理論」とでも称する理論であるべしということなのです。さらに人類がこの世に必要としているのは、もともとは「価値の複式簿記」であるが、（ほかに良い手段を見出すことができなかったために）それをなすための便法として人類は「通貨をベースとする複式簿記」で何とかしのいできたのだ、ということです。私はこれに近年の世界の動きを勘案し、「資本主義論」を純粋にメカニズムの観点から深掘りしてみたく、それを本書の目指すモノとしたいと思ったのです。

■シュンペーターのいう資本主義については前述したとおりですが、私の考える資本主義のメカニズムはさらにその「過程」に生物学（生態系学）的な「人間と人間社会の本性」を組み込むべきと考えました。すなわち……。

資本主義とは民間銀行の融資を受けることのできる人たちが、そうではない立場の人たちの有する「価値」を、通貨という道具を以って「無断で侵食」し、さらなる富を得ようと「画策」するに「適した」活動を支援するシステムで（しかもそのシステムは社会のあちこちにすでに〝お金の無料自動発券機〟あるいは〝天からお金が降ってくる仕組み〟として組み込まれている）あるのだということなのです。換言すれば、その一つとして融資を受けた人たちはそうでない人たちが保有する価値を「エネルギー源」としてあらたな富を得ようと活動することを「日常的に」

支援するシステムであるともいえるのです。

このシステムを支えているのは「ロゴス経済学」が共通して唱える「内生的貨幣供給理論」（お金の無料自動発券機理論）であり、これがニクソン・ショック以来、民間銀行から国家にも準用することでＭＭＴと称されるようになりました。つまり一方では国家が（実際は価値を帯同していない名ばかりの）〝通貨〟を増発するという手段（トリック）を以って国民の持つ価値を「希釈」しつつ、他方で非常時においての経済的社会の混乱や国民の困窮を救済し、平時においてはさらなる国富を得ようとするメカニズムがその本質であると私は考えています。

元来、内生的貨幣供給理論は人間社会の商業的発展に伴って、自然に生み出されたものであり、それは意図的なものではなかったはずです。しかし、産業社会の発展など、社会が大きく変化しだしたにもかかわらず、この理論は経済学ではあたかも「定理」のごとく地中に張る大木の根株のように存在してきました。

この内生的貨幣供給理論についての問題が露見してきたにもかかわらずそれが見過ごされてきた原因は、行き着くところ経済学全体の枠組みがロゴスの世界でのみにて構築されてきて、フィシスの世界が組み込まれてこなかったことにあり、「価値イコール通貨」という大前提に理論のすべてが従ってしまったからであると私は思っているのです。しかし、世界中の通貨のほとんどが金兌換廃止となるや、この大前提が「崩落」し始めたにもかかわらず、その大変化に多くの専門家は今日でも気づいていないか、もしくは目を瞑っているように見えるのです。

私は資本主義の正誤善悪を述べているのでは決してありません。ただ資本主義制度の究極の骨組みを、思考の達人たちの所見をお借りして、キルトのタピストリーのように違った模様を紡ぎ合わせてみたら、全く新しい模様のタピストリーとなってしまったのです。まことに資本主義とは人間の生物学的特徴を巧みに生かし、それゆえ人類社会を大きく育ててきたのですが、同時に、時としては国民に大なる経済的損失を与えてしまう「厄介で悩ましい」制度であり、結果として世界を覆う「壮大なるトリック」でもあると思うようになりました。

■そして、私はいつの間にか「その先」を考え始めていました。それはいまだ整理がつかぬがゆえに本書では論じておりませんが、そのおぼろげなる姿を下記しておきたいと思うのです。

今年のノーベル経済学賞受賞者の発表を機に、今の経済学がどのくらいのレベルで考えが巡らされているものなのか知りたくなり、『技術革新と不平等の1000年史』（ダロン・アセモグル&サイモン・ジョンソン著　早川書房）という上下巻二冊を読みました。その内容は……、

「過去の広範な繁栄は、テクノロジーの進歩の自動的かつ保証された利益から生じたわけではない。むしろ、繁栄の共有が実現したのは、テクノロジーの発達の方向性と社会による利益分配の方法が、主としてごく一部のエリートに有利な仕組みから脱したおかげであり、それ以外ではありえなかった。われわれが進歩の恩恵に与っているのは、先人がその進歩をより多くの人びとに役立つようにしてくれたからだ。」「今日、地球上の大半の人びとが自らの先祖よりも豊かに暮らしているのは、初期の産業社会において組織化された市民と労働者が、テクノロジーや労働条件についてエリートの支配する選択に異を唱え、技術の進歩がもたらす利益をより公平に分かち合うよう強制したおかげだ。現在、われわれは同じことを再び行なう必要がある」と著者は同書内で総括しています。

私の感想は……確かに過去1000年間に、イノベーションが広く一般民衆には「自動的に波及するものではなかった」ということを検証したことは称賛に値するが、喫緊の課題は「現在は、ITネットやAIという特大のイノベーションが全世界を「嘘＝フェイク＝真偽の判別不能症候群」だらけにし、それが世界を徹底的に不安定化させている元凶ではないのか？　求めるところは、この危機に人間社会はどう対応すべきか？　であり、この答えを必死に模索している」であるハズだ。しかし、同書にはすでに言われてきた対応策は列挙されているものの彼らから「膝をポンと打つ」アイディアはなく、その点では期待外れでした。

それでは第三者の感想はどうか……例えば、慶應義塾大学経済学部S教授は、三人の研究者の受賞理由について「経済発展とか社会の豊かさに影響を与える要素は……例えば文化だって影響するし、民族性、気候も影響する。しかし、社会制度こそが、決定的に重要だという特別さを明らかにした。そこに彼らの研究の大きな価値がある。」と指摘し、「彼らはヨーロッパが、アフリカを植民していた時代の政策に注目した。植民地の場所によって、ヨーロッパ各国は、全然異なる政策をとっていたが、収奪的な社会制度となっていた地域や国が、大変貧しくなってしまうということを発見した。経済学者は、いわゆる経済と呼ばれる対象だけに分析を限定しがちだが、アセモグル教授らは、経済だけでなく、もっと広く政治体制や社会体制に注目した。そこに経済学の中で培った分析手法を適用したところに、画期的な点があったと思う。」とNHKインタビューで述べました。しかし……。

私は、経済学が「もっと広く政治体制や社会体制に注目した」経済学でなければならないなどということは当たり前であり、さらにそれを越えた、つまり「ロゴス経済社会＝人工価値世界」を越え、フィシス・天然価値世界にもまたがる『嘘』に席巻された現代社会への考察を包含する経済学を、語る必要があるはずなのに「既存経済学はまだ旧来の物語の世界を彷徨っているのだ」と思い、これを新たな次巻にて論じ、社会に問うてみたいと思うのです。

目次

はじめに……1
*大経済学＝価値論×（生物・生命科学＋会計学＋経済学）でなければならない。
*内生的貨幣供給理論とは「天からお金が降ってくる」であり、これが資本主義の本髄だ。
第1部　入口論としての現状把握から問題点を探る……16
第2部　超一流学者も指摘しない現代経済学の〝不都合〟を語る……22
*会計学と経済学の間には重大な不整合が存在する
*死活的価値は国債で、欲望的価値は民間資金で賄うのが賢明だ
第3部　現代経済理論の疑問多き論点を考える……62
*人間世界は天然・人工価値世界の二つの世界から成なることを知れば、この二つの世界の宿命的不整合が人間世界に不都合と争いを生むことを説明できる。
第4部　財政規律派と積極財政派の分岐点を探る……156
*結局は「均衡財政は他国にて実施させ、自国は積極財政で行う」が国際政治に於ける

生態系の姿だ。
第5部　マルクスが知ったら驚く「時間的リスクを地政学的リスクに大転換させたオプション利潤源泉説」を説く……212
＊この世の見えない人間世界では、通貨ベースではなく、価値ベースの人間の経済活動が大規模に、そして「粛々と」行われているのだ。
おわりに……224

（カッコ内【　】は筆者による「補足・諸見解」や「宮崎正弘の国際情勢解題への投稿文」などの所在場所を示します。）

第1部　入口論としての現状把握から問題点を探る

1．均衡財政派の人々はもとより、倫理観・道徳心が日本人は高いので「天からお金が降ってくるはずがない」と信じている人はおおかろう。しかし、資本主義とは「天からお金が降ってくる」制度（＝信用創造という）なのだ。ただし……そのお金は富裕層に傾斜して降る。この仕組みが社会に格差を生む原因となっているものの、この根幹である「天からお金が降ってくる」メカニズムこそが、地球上に80億人を養うことができるほどの人類社会全体の経済成長を齎せているエネルギーとなっており、それが重要な効用（＝内生的貨幣供給理論・価値創造機能貨幣論）であるのだ。

2．経済成長とは人間社会の「価値の貸借関係」から生まれる取引の増大により成りたつが、その貸借関係・取引量が（通貨ベースになると）「貧富」を招来している。（または「マネーが誕生し、それが社会に広がるに従い、取引量が増えると貧富成るものが生まれたともいえる」言うまでもないことであるが、常に債権額と債務額は等しい。この債権債務関係を示す「情報（＝記録）」の役を担うのが貨幣・通貨であり（＝信用貨幣論）、貨幣・通貨は価値ソノモノ（＝

商品貨幣説）ではないとする理論が今は正しいと見なされている。つまり通貨は国家が提供する「道具」であり、然るにこれを以って国家が所謂返済義務のある「債務」を負うことはあり得ない。何しろ債権者はどこにもいないのだから。

ここで繰り返さねばならないことは、「価値の賃貸関係」ということであり、「天から降ってくるお金」はシュンペーターが資本主義の最重要要素として主張したように「国家が価値の裏付けなしで発行したもの」で、「債権・債務」を基にして誕生した通貨ではなく、道具であるということ。したがって国家にとっては「不要になった通貨」に対しては、ちょうど（価値の原資なしで）帳簿の資産項目に記帳した（＝天からお金を降らせた）「事務処理」の逆の経理処理をシンプルに施すだけで、あたかも債務・負債があるように見える勘定項目の金額を消去・減額させることができる。換言すれば、「**内生的貨幣供給理論」に対して正反対の意味を持たせる新概念の「内生的貨幣回収理論」を以って事務的に処すればいい**。以上から言わんとするところは、国家が赤字財政で必要な通貨を発行する行為には債権者も債務者も存在していないということなのだ。つまり「国庫が発行した国庫債券であり、「国債」を、財務省は〝意図的〟に〝国の債務〟と国民に思い込ませているのだ。

3．資本主義とはつまるところ積極財政策によりなされるのであり、均衡財政策を頑なに主張するは、資本主義を否定していることになる。一般的には「赤字財政が続くとインフレになる」といわれていて、特に均衡財政派はこれを最大の積極財政反対への根拠としている。しかし、政府が赤字財政を続けると、民間資産がそれだけ増幅する（＝ゴッドリーのマクロ会計の恒等式）が、これが日本の特徴として、民間に相当の資産が溜まると、民間の銀行融資に頼る度合いが減り、以下のようなメカニズムによって、新たなデフレを招くベクトルとなる。

①　財政赤字策を続けると「累積債務」が溜まる一方で　その分だけ民間のトータル資産は増えていく。そして民間資産が大きくなると……。

②　民間には潤沢な自己資産が溜まり、銀行からお金を借りるより、自分の預金を使って内外投資や諸支出や借金返済を賄うようになる。すると……。

③　銀行融資方式とは異なり、市中に通貨量は増えないので、これがデフレへのベクトルとして働くようになる。実際にこの現象が日本では起き、長くデフレから脱却できなかった原因の一つだと考えられる。以上からいえることは……。

④　積極財政策を続けると　初期においてはインフレに向うが、さらに続くと逆にデフレ気味に向かう様になるはずだ。したがい……。

⑤　「積極財政策はインフレを招く」とする均衡財政派の見解は必ずしも正確ではない。そし

て、今度はそのデフレ傾向から脱却するために、再び財政支出にドライブをかけることに繋がる……といった具合にサイクルを重ねていくことになる。

⑥ 以上を突き詰めれば、積極財政策を続けると、「天（に代わった民間銀行）からお金を降らせる」という内生的貨幣供給より、「天（に代わった国）からお金を降らせる」ほうが、格差を生ずる余地がより少なくなる可能性が出てくる。

4．以上は日本をイメージしたケース（ストーリー）であり、アメリカとは違うようだ。なぜならば、アメリカ人は消費意欲が非常に強く、政府の赤字分が民間に「移転」されてもそれを日本のように預金に回したりせず、消費や株式投資などの相場的金融商品に走ってしまうからだと思われる。この動きがさらなるインフレを招くベクトルとして働く。以上からして……。

⑦ アメリカでは積極財政策がさらなる積極財政策を誘引し、その力強い経済活力が累積債務を減らしつつも、銀行融資額の減額には向かっておらず、場合によってはさらに増えることもあり得ると思われる。

⑧ このような違いが、アメリカの資本家や巨大テック企業などの寡頭支配層にさらなる富を齎し、このことが国家を固定化し、極端な「新しい封建制下での格差社会」を創り上げてきたと考えられる。

5. ハイパーインフレは貨幣・通貨の過多が直接の原因ではなく死活的価値が欠乏・不足した際に発症するのである。

内生的貨幣供給理論に沿ってインフレが進み、それが極端に増えると突然デフレに変わる。なぜならばインフレとは世のなかの取引量を増やし実物資源が足りなくなり、ついには通貨でそれらを調達できなくなる（＝通貨・貨幣が使えなくなる）。そして、世の中の取引をすべて物々交換にせざるを得ない状態になるということ。要するにデフレからインフレへの移行は緩慢に進むが、ハイパーインフレからハイパーデフレへの移行は急激に起こる。旧来の経済学はインフレとデフレはあたかも独立した流れであるかのような説明をしてきたが、インフレ・デフレは連続した輪のように繋がっていて、時としてスパイラルのような動きになるのだ。換言すれば両者は隣接した経済現象であり、コインの裏表のようだともいえよう。

通貨の過多より価値の過多がインフレ・デフレを語るのである。今まで経済学は『価値量』を固定し、通貨の量のみに関心を寄せてきた。しかし、価値量は通貨量よりはるかに大きく、環境変化に敏感であり、変化の弾性値も高い。しかるにインフレ・デフレを語る際にはむしろ価値量に注意を向けねばならない。現在のインフレ・デフレ論には『価値には時間的増減がある』という十分に必要な認識が欠けているのだ。しかし、経済学に天然価値・人工価値という新規の概念を導入すればこそ、インフレ／デフレ論・積極財政論・貨幣論が説明しやすくなる。この天然・人工価値とは一体何かについては順次述べていくことにする。

第2部　超一流学者も指摘しない現代経済学の〝不都合〟を語る

（＝死活的価値は国債で、欲望的価値は民間資金で賄うべきだ）

現代経済学、その陥穽の大枠は……「価値イコール通貨」と規定しない限りは経済を「物語る」ことができなかったが故、「人間は合理的な生き物」であると（間違った）大前提をおいていることと、予測時の『価値』つまり期待値を固定はするものの、その「結果に至るまでの」価値の（時として大きな）変化を経済学は組み込んでいないことにある。つまり価値はマス・センティメントと同じく「自由・気ままに」変化しているにも関わらず、経済学・会計学では（無意識的に？）固定されていて、インフレ・デフレ論や均衡・積極財政論の「おかしさ」はそれに気づかず延々と議論を続けさせているのが現状だ（メルマガ投稿文からの引用でさらに論じます）。

【7485】（「価値イコール通貨」を前提とするＭＭＴはその部分については間違いであり、「価値イコール通貨」ではないことに気が付くまでの暫定的なものとなろう）

貴誌通巻7481号にて

Ａ：○○生様のご意見「通貨、金とは価値の単位であり、究極的には人間が使った時間の総和が富・財産となる」が正鵠を射ていて、私は通貨が印刷され「価値在りとみなす」ことに「暫定的に設定された」この世は、今までの経済学ではもはや整理も説明もできず、且つ収拾できなくなりつつある、と記しました。加えて……、

Ｂ：７４８４号の○○様のご投稿を拝読すると、米国でも「いったい価値とはなにか？　富＝幸福ではないのではないか？」などについて考え直す人が増え、これらＡ：Ｂ：は繋がっており、自然な流れのような気がします。

この流れは、**ウクライナ・ロシア戦争などの国家間の安全保障問題や、世界各地の「天変地異」現象で露わになったように、「死活的価値」（エネルギー・食糧や国家間の安全保障「サービス」）の重要性が、「通貨イコール価値」を前提とする経済学から「価値イコール通貨ではない」という「現実に耐えられる経済学」を構築しなくてはどうにもならない時代に追い込んでいる**のだと思います。財政論としては「価値イコール通貨」を前提とするＭＭＴ的な諸策をしばらくは通用させざるを得ないものの、このＭＭＴは「価値＝通貨」を前提としている上に、Ａ：Ｂ：が欠落しているということから、あくまで暫定的で一過性な理論であるような気がします。というより「戦争は政治の延長である」と同様に、「経済体制や活動も政治の延長」に位置し、それを「普遍性の装い」を（近現代では）「科学の権威」で強化しようとしてきた「姿」が、これまでの「経

済学」なのでしょう。そして国家間の安全保障「サービス」が大きな「輸出入商品」になりつつあるこれからを見据えれば、世界の「賢いひとたち」は次なる「普遍性の装いを施した経済学」を思案・画策しているはずです。（2022年10月7日）

第2部　目次

1．会計学・簿記と経済学の間には重大な〝不整合〟が存在する

銀行の融資行為に当たっては、内生的貨幣供給理論に基づき、銀行側に融資の原資がなくても貸し出しが行われているのは厳然たる事実である。一方、それを銀行側は自行の帳簿ではいきな

り「資産」として計上している。つまり実際はどこにも価値を含有したお金が存在しないにもかかわらず「天からお金が降ってきた」が如く処理しているのであり、これは簿記の原則に反している。しかし、この行為は資本主義国の民間銀行ではどこでも行われているが、財政均衡派・積極財政派はもとより、この経理処理に異を唱えている経済学者はシュンペーターも含め、恐らくいまい。あのシュンペーターでさえ内生的貨幣供給理論を正しく解説しているものの、彼はこの会計学・簿記と経済学の不整合には気づいていないような気がする。ただしイングランド銀行はこのことをなぜか遠慮がちに示そうとしていると推察できる。この不透明さが経済学全体を混乱させている原因なのだ（以下をメルマガ投稿文からの引用で論じます）。

【7319】（多くの経済学の標準的教科書では信用創造という資本主義の本質を正確に記していない）

1. 「シュンペーターは、民間銀行の信用創造があってこそ、資本主義は成り立つ。信用創造を知っていなければ、資本主義とは何かを理解できないと言っても過言ではないと……銀行は、何もないところから、新たに融資額に相当する預金通貨をつくりだしている。銀行は、預金という貨幣を元手に貸出しを行うのではない。民間から集めた預金を原資に融資するというのは誤解である」。以上は『奇跡の経済教室＝大論争編』（K．K．ベストセラーズ）などで中野剛志氏が記していることです。念のため、小生は大手銀行のベテラン融資担当だったOBに上記は正しいのかどうかを確認したところ、「銀行簿記をみれば判然とするが、全てその通り！」との返事が返ってきました。

2．誰にでもいいから「銀行のビジネスモデルってどんな仕組み？」と聞いてみてほしい。ほとんどの人は「預金を集めて原資とし、それを他者に貸し出す業態だ」と答えるに違いない。いや、銀行員、経済学者、会計学者、経営者・経済を語るマスコミ・経済官僚などでもかなりの割合で同じ答えが返ってくるはずです。例えば新刊の『中国経済の謎』（ダイヤモンド社）ではあたかも民間銀行はその貯蓄を融資の原資とすることを信用創造とみなしているような文脈で書かれているし、数日前のネットの「現代ビジネス」は、積極財政派の理論を糾弾する中で、「民間銀行は何を原資に国債を購入したのか、それは当然、国民が銀行に預けていた預金だ」と堂々と大間違いを述べています。中野氏は「驚くべきことに、経済学の標準的な教科書の中には、イングランド銀行が初学者向けの解説で説いている貨幣供給のプロセスを逆立ちさせたことが書かれていて、それが一般に流布している。言わば、現代の天文学の教科書が、天動説を教えているようなものである」、「この需要に応じて貨幣が供給されるとする理論は、『内生的貨幣供給理論』と呼ばれている。」と書いていますが、専門家達でさえ、経済実態を間違えて認識している上に、シュンペーターの資本主義の定義さえも正確に理解できていない人が多いようです。

上記2．の人達と財政健全化派の人たちの意見は平仄が合い、あの財政規律派の次官も慶大のK教授も経団連のS理事も、多くの大企業経営者も彼らと同じ思考回路の持ち主ではないかと私は疑うのです。なぜかというと財政健全派の「回路」の行き着く先を辿ると、シュンペーターが指摘した資本主義の要諦・本質・定義とは理論的に整合せず、今我々が住んでいる社会は資本主義制度ではないことになってしまうからです。（2022年5月3日）

【7598】（MMTだけが「通貨は銀行が記帳することによって生まれる」のではありません。資本主義国ではすべての民間銀行がそうしているのです）

通巻7589号で述べました出発点となる養老孟司氏の御見解から、天然・人工価値に繋がる私の考えを投稿しようとしたとき「ちょっと待てよ！　ひょっとするとその前に一点申し上げておいた方が良いかも」と思いました。それは○○様の「私が理解しているMMT理論においては通貨は銀行が記帳することによって生まれ、誰かの負債が誰かの資産になるというバランス論が元にあってわかり易いのですが……」というところが気になったからです。「オヤッ⁉」と思ったところとは……、

1．すべて民間銀行というものは「通貨は銀行が記帳することによって生まれている」のであり、MMT理論に限ったことではないはずなのです。

2．民間銀行は預金を市中から集めて、それを融資に充当しているのではなく、仮にその民間銀行がほとんど融資に対する原資がなくても融資は可能であり、ただ記帳すればその手続きのみで融資は成就すること。「そんなバカなこと！」をとお思いでしょうが、そうなっているのです。なぜなら国家が民間銀行に「それでいい」と認めているからです。従い民間銀行にとって誰かからの負債が、融資先の資産として移動するのではなく、何もないところに（ただ紙にお札と印刷された）お金が手品のように生み出されているように仕組まれていて、それが融資先に資産と称して移動したと「みなされて」いるのです。

3．ただし、もし民間銀行が市中から預金を集め、その預金を原資としてどこかに融資するのであれば、○○様ご指摘のように誰かの（価値を帯同した）預金という資産が民間銀行経由で誰かあての融資として（価値が帯同された）資産がバランス論のもとに（確かに）移動するので

す。でもこのような作業を民間銀行は行っていないはずです。つまりすべてなにも無いところから資産が生まれる仕組みをおかしいと思わずに資本主義を標榜する国の皆が2を履行しているのです。

以上、狐につままれているようなお気持ちかもしれませんがそうなのです。それが資本主義経済社会での民間銀行の業態なのです。以上を整理すると、**現代資本主義制度下の国では2のように民間銀行が融資するお金は（金兌換が廃止された現代では）価値を帯同していないお金なのです。**（2023年1月16日）

> **【7604】**（無形資産が経済を支配する？とは、天然価値が簿記に記帳される『おかしさ』が常態化されていることをしめしている）

通巻7597号関連：以下追記です。

1．或る投稿者の**ご意見：**「無形の価値は私も十分理解しているつもりです。それは日本の文化的価値だとも思っています。ではありますが、それは文字通り無形であり、値段のつけようがなく、会計上の価値とは異なる次元の価値だと考えています。次元が異なるものを同一次元で捉えるとすれば、そこには無理が生じます」

私の答え：文化財は無形・有形を問わず人工価値ですが普通資産計上されません。又人が（努めて）創ったものは無形でも暖簾代がそうであるように簿記に載る人工価値です。「文化や（ボランティアサービスなど）はそもそも（大切な）人工価値であるのにGNPとして簿記に記帳されていないことを認識すべき」とその不条理を説いたのがロバート・ケネディで、だからと言って彼がそれを簿記に参入させよと言っているのではなく、GNP（や簿記）はせいぜいその程度のものだから、この世のすべてをお金で語って表題『価値論なきロゴス経済学の限界』のとおりだと言っています。

2．ある投稿者の**ご意見**：経済活動に使われる資源は、そのほとんど全部と言ってもよいものが人工価値のものであり、通常の経済活動では、天然価値に該当するものは極めて微量であり、あえて天然価値を区分して論じる意味がないようにも思われます。

私の答え：心の中に宿る天然価値は微量どころではなく無限大であるからこそ、その中から人工価値に転化可能なものが選択され、それが人工価値となって（養老氏の言われる）「脳化社会」が構築されます。尚、有形資産比率は急激に減少しつつあり、無形資産が極端に増えています。S&P500の無形資産は1975年＝17%、有形が83%。ところが2015年には無形87%、有形13%となり、この簿記上の無形資産の膨張は衆知の通り、経済の大問題となっています。そもそも天然価値は簿記に記帳は許されぬ対象外となっています。なぜならヒトの心に宿る無限の価値を示す方法などどこにもありませんからできないのです。この（特に金兌換廃止後には）「許されぬこと」を正当化しているのが資本主義の要である「内生的貨幣供給理論」であり、この点を価値を天然・人工価値に分けることによって究明・解明が可能になり資本主義経済の本質を明らかにすることができます。なお人の意思決定は「天然価値にきわめて近接している感覚からの判断を以ってなされる」と行動経済学や心理学者は論じています。（2023年1月25日）

■以上は何を意味するのか？　それは「貨幣は印刷された状態で価値を含有しようと、まず決めてしまうことから経済学を語ることにした」ということ。しかし貨幣論に於いて貨幣・通貨は価値を帯同して居ないのだと「商品貨幣説」を否定し、「信用貨幣説」のように貨幣・通貨は貸借関係を示す情報である（つまり道具である）と定義した筈ではなかったのか？　それにも係わらず、今の世界では貨幣・通貨は価値を持つとする「商品貨幣説」で実務がなされている。此処から出てくることは「価値イコール通貨」であるとする「理論的な齟齬の在る社会的コンセンサス」のままであり、これが経済（学）を混乱させている元凶中の元凶となっている。この混乱を紐解く方法が一つあり、それは（私の造語ですが）「**内生的貨幣回収理論**」となります。

【8174】

貴誌通巻8166－69号にて私は「『天からお金が降ってくるはずがないではないか！』と言い張る人達にとって、そのお金とは『商品貨幣説に則ったお金』のことであり、実際に天から降ってくるお金はそれとは違い、いまだ価値を帯同していない（印刷されたばかりの）名目価値通貨である事を理解できない人たちなのです」と申しました。なぜそのような誤りが判るのでしょうか？

私はこの重大な視点を、ほとんどの経済学者はもとより、シュンペーターさえも気づかなかったのだと推測するのですが、それは会計学の簿記での記帳への実態が示してしまうのです。つまり……融資を行う銀行は手元に融資に使う原資がなくても、融資を行った時点で融資額を資産項目に記帳してしまうのであり、価値の存在がどこにも無いにもかかわらず、「私たち民間銀行は価値（＝通貨）を創造しました。天からお金が私たち銀行には降ってくるからです」と記帳しているのです。「天からお金が降ってくるはずがない！」といってきた人達は実際は「天からお金が銀行には降ってくる」のはなぜ？とどうして疑問を抱かないのでしょう。（2024年3月12日）

【8176】

貴誌通巻８１７４号にて「資本主義国のほとんどの民間銀行は融資の際に『天から降ってくるお金』を原資として貸し付を行いました」と簿記に記帳しているのに、『天からお金が降ってくるはずがない』といってきた人達はそれならなぜその「記帳の誤り？」を指摘しないのか？　と疑問を呈し、そのわけを彼らは「貨幣・通貨とは何か？という経済学の出発点を彼らはまだ弁えていない」のだろうと申しました。

この貨幣論に関しては、（物々交換との連想で）商品貨幣論がおもに唱えられてきましたが、その後の研究で「信用貨幣論」が貨幣の本質と見なされるようになりました。つまり貨幣・通貨とは「貸借関係と価値量を示すための道具・情報・触媒であり、価値ソノモノではない」という説（＝つまり貨幣・通貨の存在自体は価値の存在自体ではないということ）が今は（学問的には）定着しているはずなのです。それにもかかわらず、財政均衡論（＝健全財政論）者にはまだ「商品貨幣説の尾体骨」が残っているようなのです。

ところが問題を更に複雑にしているのは、この商品貨幣説の尾体骨をまだ持っているのは、均衡財政派の人達ばかりではなく、積極財政派の人達にも残存しているということです。その原因は、「融資に際しての民間銀行の融資額が常に資産として記帳されている現実に、積極財政派も一切異議を唱えて来なかった」ということ。つまり誰も会計学と経済学の齟齬に気づかなかったか、気付いていたものの、黙っていた方が良い理由があった（今もある）ことを示しているのです。

私は、特に後者は（飛躍していると言われるに違いありませんが）この「齟齬」こそが、マルクス・エンゲルスを生み、多くの革命運動やあのカレッツキーに端を発すると思われる新刊『新しい封建制がやってくるーグローバル中流階級への警告』（ジョエル・コトキン著　中野剛志解説　東洋経済新報社）を生み出したのだと私は考えているのです。（2024年3月15日）

2．金利とインフレ・デフレは直接的な関係はないのでは？

果たして金利の高騰は累積赤字への負担に繋がるのだろうか？　これまでの経済学の中心は金利を以ってインフレ・デフレを統御せんとした（＝金融政策）。しかしこの経済運営の手法の限界を示す学者も増えてきたようだ。

【8067】（やっと旧来の経済理論を脱却し出した著名経済学者）

来年度予算案が決定したようです。歳出は社会保障費38兆・国債費28兆・地方交付金18兆・防衛費8兆＝合計113兆円、歳入は税収70兆・新規国債35兆・税外収入8兆円である。これに対する日経新聞の「論調」は以下の通り（カッコ内は私の意見です）。

1. 予算も「金利ある世界」へ国債依存の転換迫る……（**国債に係る金利が政府の債務であるとするなら、金利の債権者は日銀であり、日銀が債権放棄すれば誰も損はしない。**）

2. 社会保障費、初の37兆円台　国民負担抑制進まず……（社会保障を税金で賄えというならば、消費が極端に減少し景気悪化に陥り、税収は激減し、ますます社会保障ができなくなるのでは?、要するに社会保障とは経済活性化策でもあるのだ。）

3. 痛み先送りの猶予なし……（増税すれば景気を後退させ、税収が減ってしまう）（国債の債務者は政府だとしても、債権者はトドのつまり国民となり、国民が債権者であればこそ、経済活動が活性化に向かうのだ。）

4. 減税より国債抑制を＝野村証券チーフ財政アナリストの解説……（日本の経済専門家のほとんどが心酔する米国の著名経済学者もここにきてやっと、今の世界の経済の真のメカニズムを理解し始めたようである）（要するに日経新聞も野村證券も「ザイム真理教」の信者であり、税収内で均衡財政を図るべきと主張する増税論者なのだ。）

5. 25日の日経で石破元幹事長は、またこんなことをいっている。
「イシバノミックスという偉そうなことを言うつもりはないが、本来の資本主義に戻す」、「金利ある世界が必要だ。」……（本来の資本主義って一体何か？　金利ある世界がなぜ必要だというのか？　彼には説明できそうもない。そもそも為替相場と同様に今の世界では金利が市場で決まるというのは誤りであろう。金利はまず政府やその時の国際的・政治的力関係が基盤を設定し、その基準値をベースに民間経済社会の金利は上下している。事実、アベノミクス以降はデフレ下でありながら経済活性化が生まれたが金利は高くならなかった。これに関し、**欧米の著名経済学者は、この新しい現象を新しい経済学にどう位置付けるべきかを真剣に考えねばならぬという新しい問題意識を抱えるようになった。**要するに経済のメカニズムに**金利は「物理的には影響せず、情緒的・精神的に影響しているのかも知れない」**という事なのだ。**これは価値論をロゴス経済学に組み込まねばならぬということになる。**）（２０２３年12月26日）

3．為替相場は自由市場ではなく政治が決めているはずだ

為替が自由市場で生まれるとの誤った前提に起因し、円高・円安と国益論や国際競争力を根拠のない数字を以って語らせている。なぜならば、１９８５年のプラザ合意からレーガン、ブッシュ、クリントン、ブッシュ、オバマと長きにわたった〝政治相場〟の歴史を振り返れば歴然であるが、そもそも為替相場は自由市場ではなく、国家同士の総合政治力で決まっているにもかかわらず、為替相場を自由市場で自然に浮かび上がってきた数値扱いをしている建て前にある。（以

下をメルマガ投稿文からの引用で申し述べます。）

【7368】（価値とは何か？「歴史とは誰が価値を決めてきたか？の歴史である」）

賢人たちが昔から考えてきたことに加え、科学や生命体や脳社会の研究の「発展」で「わかってきた？事」とは、この世の人間社会はどうやら風の勢いに絶えず姿を変え続ける砂漠の「姿」のようなモノで、それが「価値観の集積体」であるような気がします。中でも経済分野は「価値」が主役となっていて「通貨が（印刷）発行されればそれ自体が価値を有していると思い込んでいる度合い」からなる風評の塊のようなものであり、「通貨に対する信用」は今では「風評」がほとんどを決定していると思う。「なぜ人民元が強いのか、死に体のゾンビがなぜまだのたうち回っているのか。どうやら国際金融の動きにその謎がありそうだ」と貴誌7365号に在りますが、為替レートは国家間の購買力の比較で動いているのではなく、情報化社会のますますの深化で「風評」が実質的に決めていると（潔く）みなしてしまう方が、今の世界では正しいのではないか。人民元やルーブルの価値はウクライナ・ロシア戦争や、対中政策の進展度合いが、相変わらずわかりづらい現段階では、為替レートもその（風評の）「不透明さ」を映し出したレートが今のそれだと思う。新刊の『さらば、欲望』（佐伯啓思著　幻冬舎新書）を読み、上記のようなことに思いが至りました。理論やデータやメカニズムで説明されぬと学問扱いされない、真実ではないと信じる人間の心情は理解できますが、もうそろそろ、経済学にも本格的な「価値論」を導入しなければ、説明のつかない世の中になっているのです。なお同書では現代資本主義の陥穽は価値を「本当に人間が必要としている価値』と「そうではない価値」を同一視していることに在ると指摘されておりますが、確かに価値は神・覇者・独裁者……などが決めてきたし、今は得体のしれない金融商品や無形資産を（あたかも市場が決めているとカッテニ主張しているように、レジティマシー無きままに）価値と決めてしまう「金融資本家たち」をみれば、**「歴史とは誰が価値を決めてきたか」の歴史である**と思わずにいられません。（2022年6月15日）

【7890】（「誰も疑いを挟まない前提が、たいてい最も疑わしいのだ」その4．為替相場は本当は市場が決めてはおらず、実際は国際政治の力関係が決めている）

(1)　為替相場は経済学では「通貨の売り手と買い手の均衡点で自然に決まる」ということになっていますが……実際は「為替相場は政治力・軍事力等総合的な国力や国際関係に基づき人為的・人工的に設定され、その人為的・人工的為替基準をベースを一つの目安にして、売り手と買い手の均衡点で自然に決まっていく」というのが正しいと思う。そうでなければなぜ戦後の

３６０円が長い間維持されたのか、その他重要な相場をめぐる国際会議が開かれ一連の新しい（合意のもとに）人為的・人工的為替基準が設定されたか、またなぜアベノミクスが為替相場を大きく変動させたかの説明が成り立ちませんから。ようするに自然な均衡点の連続に「会議での合意点」等が入り込む余地はあり得ず、チャートに地殻変動があったような「段差」が出てくるのはおかしいのです。このことは「通貨価値を表す絶対値などは存在せず、そこに表示されてきた価値とは、価値の絶対値ではなく人間社会の便宜上の指標（踊り場）にすぎないことを示唆していると理解できそうです。

⑵　昭和天皇は「円は強いのがいいのか？　弱い方が日本にとって望ましいのか？」と御下問されたとのことですが、確かトランプ大統領も就任直後、ドル高とドル安のいずれがいいのか？と側近に訊いたという話もありました。これは下記のａとｂを分けて考えねばならないということを示しているのだと思います。つまり、通貨の強弱にはａ．通貨の（主に）国内「商品」の価値をグリップする力（＝価値帯同率＝国内信用力）とｂ．海外に於いてもその通貨で「商品」を購入できる力（国際信用力）、の二種があることを認識すべきであるということ。ドルはａ．ｂ．共に強いから基軸通貨になっているし、中国元はａ．は強くてもｂ．がまだ強いわけではない。しかるに中国はｂ．を強めようと努めている。しかし、ｂ．を強めるためにどうしてい

るか？　だが、これを「売り手と買い手の自然にできる均衡点」に委ねている訳ではなく、ａ．の力はもとより、政治・軍事力等の国力の強化などを図ってｂ．の強化を図っているのは明白でしょう。通巻７８６６号で「ペトロダラー体制の一角が崩れたインドがＵＡＥと自国通貨で決済、ドルに代替の調整剤はゴールドだった」とありましたが、印度・ＵＡＥはｂ．を以てこの取引を締結したことが窺えます。

ここまで書いていたら偶然ですが8月30日付、日経新聞一面のトップ記事が目に入りました。「円の実力、53年ぶり低水準、家計に負担。20万円増―主要通貨で独歩安……円の実力は実質実効為替レートに現れる。円の購買力を取り戻すには、物価と賃金の上昇の好循環を軌道に乗せる必要がある」と。**でもここで計算に使われている為替レートとは上述した通り、ａ．ｂ．のごちゃまぜであり、しかも節目節目で行われてきた国際通貨レートに関する会議で合意された、「人為的な（自然に市場で形成されてはいない）政治的為替レート」がベースになっている。**これではいくら算式で実質・実行為替レートを算出してみても、意味ある実態を反映させることは出来るはずがないでしょう。

既存の経済学は一貫してａ．ｂ．の違いに気づかず、あたかも通貨価値は、「通貨市場での自然な均衡点」で決まるという「いっしょくた」を前提に構築されています。これではいくらデータがどうのこうのといってもそのデータがa．b．のごちゃまぜで表示される限り、一件意味がありそうな経済理論を見せられてもその理論を信用できるはずがないのです。例えば、「フィリップス曲線」や「テイラールール」にしてもインフレ率を使っているが、そのインフレ率には為替要素も間接的に含まれていますから、これらが機能しなくなったと騒いでも、驚くに当たらぬことだし、当たり前のことだと思います。要するに今巻でいわれる「通貨価値」と、その数字自体は、何かを示しているわけではなく、実際はインフレ・デフレの状況を望むべき方向へ動かすために使う道具だと思うのです。（2023年9月1日）

4．緊急時の民間銀行への信用供与を国家が行ってよいのか？

> 2023．3．21．通巻7677号（銀行破綻時のモラル・ハザード防止策としての国家による緊急預金者保護制度の提案）

銀行破綻が起きると常に、モラル・ハザードが資本主義の劣化・棄損を齎しかねないと、大問題になる。今度のSVBやクレディ・スイスなどのケースなども同様で、金融当局はその対処方法に迷いを生じさせている様子が直近の報道で窺える。後者の件では他行に買収されることになりそうですが、このケースでも国家がなにがしかの（少なからずの）支援（負担）を提供することでしょう。結局は国家が銀行破綻を放置できず、国費を投入して預金者救済を図らざるを得ないという構造を銀行側は「人質」にとり、民間企業の損失を税金で賄うということが常道の社会主義国家となってしまいます。このように「人質」を取る方法は最近流行の「企業や個人情報を人質に取る」ランサムウエアと本質は同類だと言っても言い過ぎではないでしょう。そこで以下のごとき「預金者保護のランサムウエア対策」を以って資本主義経済の原則を守る方策を考えてみました。私はそれを「預金者救出オペレーション」と名付け、法を以って下記を制度化し、資本主義制度を守るべきだと思います。

(1) 銀行破綻の確かな兆候を発端に、政府は「特殊部隊」を破綻銀行に「突入」させ、すべての預金をいったん強制的に引き出し、「安全な場所」（政府勘定を設ける）に移動し、保護する。

(2) 保護された預金を預金者は自らの意思に従い、ほかの金融機関に移転させることができる（預金者から手数料をとってもいいだろう）。

(3) 預金を引き抜かれた破綻銀行の財務諸表は預金がとりのぞかれ、自己資本や預金以外の借入れなどから得た「資産」を残すことになるが、この状態で銀行側は自分たちだけで、その始末を続けることになり、もうここに国家は関与しない。もちろん銀行の株主は大きな損失を被ることになるが、それこそが経営責任をはっきりさせる「健全な」資本主義制度の原点であるからしてやむを得ないことであるし、一番のメリットはこのような「正論」を確かなこととすることで、銀行は常に預金者を人質に取るような経営手法をこれからはしなくなるだろうし、できなくなるだろう。

(4)　このオペレーションをもってすれば、流動性・信用供与とは異なり、政府は新たな通貨を市中に流し込むことにはならず、さらなるインフレ傾向を助長するという悪影響を避けることができる。

以上の方策を否定するならば、資本主義体制を否定することと同じだと言ってもいいかもしれません。

5．旧来経済学の多くは時間軸が欠落しているのでは？

現代経済学の大勢は「厳格なる理屈からすれば、変化は存在しない」という**時間軸の欠けた前提**（＝あたかも貸借対照だけ）で構成されている。これは第四部２．の「生命科学的経済原論」と繋がってゆく。

■「**通貨の量ではなく、その価値に注目すべき」であり、世界的危機が高まっているときほど、**

自国通貨は安全保障という「価値」の観点から、強い通貨でなくてはならない。

通巻7460号で○○様がネイサン・ルイス氏による「ケインズやフリードマンのマクロ理論」を紹介され、「ルイス氏は、両者とも正しいが、根本的には、通貨の量ではなく、その価値に注目すべきだ」と述べていると。私もこの点について関心を抱いています。

経済学の教科書には「貨幣には、①交換手段、②計算単位、③価値貯蔵の3つの役割がある」と普通に書かれているが、これと違って私は……通貨・貨幣が持つ「価値イコール通貨ではない時代に入った現代的機能」としては、④貨幣（通貨）は価値創造機能を有し、それがどの程度の価値を生み出す（導き誘い出す）ことができるか？ ⑤貨幣は価値を移動・貯蔵させる運搬・倉庫機能が重要であるが、その際、その貨幣がどの程度の価値を帯同できるか?が、「価値イコール通貨で通用できた金本位制」から離脱した現代では最も肝心なことだと思っている。

④についていえば……例えばアベノミクスは「市場に大量の通貨を供給して、円安誘導と景気浮揚を実現したと言われるが、これは大量の通貨の発行が、インフレを惹起するはずというマインドを日本社会に懐かせ、結果的に新たな価値を生み出す経済活発化を目指したのであって、大量の通貨発行そのこと自体が、社会に価値を「ばらまいた」わけではない。あくまで経済活発化

を誘引させる手段（釣りの疑似餌）であったのだ。即ち、これは内生的貨幣供給理論とメカニズムは同類のものだということだ。

また⑤の価値と通貨の関係は……どの程度ヒトは通貨と価値の両者を同一視してしまうかに左右されるのであって、通貨そのものがイコール価値であるのではない。通貨という運搬手段としての価値は、どれほどの価値をその通貨が帯同（粘着）できるかであり、それが多ければ多いほど、その通貨は、新たな価値を創造（誘引）することができるのです。然るに、基軸通貨であるドルは世界のほとんどの価値を大量に運搬・貯蔵させる機能を有しているからして、最強の通貨と言えましょう。第一次トランプ政権のミック・マルバニー大統領首席補佐官代行は、「カネが創造性を生む」という発言を繰り返したそうだが、彼は③④と⑤を自国の強靭さに照らし合わせて（感覚的に）理解していると思われます。またこの文脈からすれば、日本にとっては円高は円安より好ましいといえるのです。なぜなら、いかなる時でも死活的価値を獲得するためには最強の通貨であればこそ、それを実現できるからです。この点が「価値イコール通貨」を前提とする体制の時代の判断基準とは異なるのです。**端的に言えばルイス氏が言うように「通貨の量ではなく、その価値に注目すべき」であり、世界的危機が高まっているときほど、自国通貨は安全保障という「価値」の観点から、強い通貨でなくてはならないと考えます。**（２０２２年９月12日）

■これからの国際関係を占ううえで、これまでの世界の様相を通貨同士での比較を続けることは価値同士の比較に注力しない限り無意味になりつつある。

1．古代ギリシャの哲学者たちからニーチェに至るまで、何かが「ある」、「存在する」ということを「万物は流転する……動的存在である」と考えてきたらしい。日本では、鴨長明が「ゆく川の流れは……」でそう述べているが、日本文化の特徴は不思議なことに、哲学者に限らず、大衆すべてが、「事象や己の存在」をそうとらえてきたようだ。

2．アラビア数字が西欧に伝播してから、「個人や事業体の経済的存在を社会の中で数字を以って認識できるようにしたもの」で、ある時点での状態を輪切りにして、その時の「資産と負債項目」を「可視化」し、時の変化に沿ってそれらが変化する様子を把握できるようにしたもの、それが複式簿記である。つまり1．にしろ2．にしろ、人間が何かを考えるとか、何かがあると認識するということは、必ず「時間」というものがなくてはそれができない、ということになる。

3．（人間にとって一番大切な）価値というものを考えてみる。どうやら種類としての価値は「人間が生きていくためには不可欠な『死活的価値』」から「個人の快適さを希求する『欲望型価値』」までの幅の中にある。これは複式簿記の「貸借対照表項目」のようなものだ。しかし、これだけでは、価値の姿全体を把握することはできない。これらが時の経過に沿ってどう変化するのかを追うことが不可欠で、そのためには、「人間の心の中に自然に宿る、無意識的な願望とでもいえそうな『天然価値』」から「それをリアル社会（世界）で実際に存在させるものに（努力して）転換し、『人工価値』」として出来上がったものまでの経緯を示さねば、価値の全体の姿は把握できまい。**つまり価値とは何かを知るためにも時間軸を示す損益計算書も必要であり、価値の全体を語るためには「死活的価値から欲望的価値までの貸借対照的項目」と「天然価値から人工価値までの時間ごとの変化を示す損益計算書」からなる複式簿記的思考回路が必要なのだ。**

4．ところが、これからが重要なのだが……人間にはどうしてもできないことがある。それは天然価値を人工価値に正確に転換する方程式を見つけ出すことが、（おそらく永久に）できないということ。それがために、**やむを得ず（暫定的に）言語と数字を以って価値の大小を「暫定的」に特定し、その移動の変遷をトレースしようとしてきた。それが複式簿記である。**

5．人間が必要としてきたことはあくまで価値の行き来の全体像であり、通貨そのものの行き来ではない。しかるに次善の策として、社会的環境の中で、価値イコール通貨・貨幣であることを前提として人間同士の価値のやり取りの把握を可能ならしめてきた。なぜそれができたかと言えば、人間には、不思議なことであるが、ゴールドをその裏付けとすれば、通貨・貨幣と価値は同一であるとみなす習性があったからだ。ところが人間社会が複雑になるにつれ、もはや、価値と通貨が同一であるとみなしていては、この世をマネージしてゆくのは困難になってきた。**とくに通貨が異なる国と国の貿易などは、ロシアのエネルギーや食糧と中国の関係などから、これからの国際関係を占ううえで、これまでの世界の様相を通貨同士での比較を続けることは価値同士の比較に注力しない限り無意味になりつつあるのだ。**（2022年9月14日）

【8055】（日本経済の課題＝《現代経済学（論議）の陥穽の構造は「この世には変化は存在しない」という時間軸の存在しない前提で理論が組み立てられていることにある。》＝誰もが疑いを挟まない前提が最も疑わしい3．）

貴誌通巻8051号に追加

7．現代経済学の大勢は変化が存在しないという前提から成り立っている

(1) 環境〔A〕の全体像はその中で、（すでに発生し、おぼろげではあるものの）経験知として認知可能となった〔A〕に現れる部分的な因子（〜という個別的現象）をa1, a2, a3……anと仮に設定すると、それぞれa11, a21, a31……an1（〜が起きる）という部分結果が姿を現す。つまりa1→a11, a2→a21, a31……an→an1という相関・因果関係が（バラバラに）見えてく

る。

(2)　環境〔A〕の次に到来する（現在進行中か、これから経験することになる）、〔B〕環境でも、未来現象であるが故、全体像はまだ見えぬ中で、〔B〕に現れる部分的な因子（～という現象）をb1, b2, b3……bnとすると、それぞれb11, b21, b31……bn1（～が起きる）という現象が本当は起きるはずだ。つまりb1→b11, b2→b21, b3→b31,……bn→bn1という相関・因果関係があるはずだ。

(3)　ところが（過去）〔A〕と（現・未来）〔B〕は違った環境なので、〔A〕の因子が〔B〕環境の中で〔B〕の因子と同じ因子と見なされ、それから〔A〕の「結果」が〔B〕の結果として現れることは無い。あくまでbnという因子からはbn1という相関・因果関係（方程式？）が生まれるはずだ。それにも拘わらず、現代経済学や経済論議の中枢は……a1＝b1, a2＝b2, a3＝b3……an＝bnと見なし、〔B〕環境の中でも〔A〕環境下で姿を現した相関・因果関係が通用するものとみなしている。これは〔A〕から〔B〕に時間は経過していても、変化は生じないと見なしていることに等しい。

(4)　一方でa1, a2, a3,…anという〔A〕を構成している因子と因子の間がどう繋がっているか、そして「an群」全体を整合している（ハズ）の「相互関係・方程式」を解読するための議論・研究は低調であるようだ。**要するに現代経済学の大勢は「変化は存在しない」という時間軸が**

存在しない前提で構成されていることになる。まさに「誰もが疑いを挟まない前提が最も疑わしい」のだ。（2023年12月18日）

6．格差社会改革のための現実的方策は、欲望的価値を民間銀行の融資で、死活的価値を国債で賄うことだ

【7974】（「死活的価値の財源は国債で」が政策的に正しい）

経済全体のメカニズムに「肉薄」せぬ経済論議は「虚しさ」ばかり残ります。

世界中の国がメカニズムとしてはアメリカと同じこと（財政赤字の多さをあたかも無視しているように出費をしまくっている）をやっているのです。つまり**通貨は価値ではなく道具であるという実態が露呈され、その通貨は「どれだけの価値を運搬出来るか」の運搬能力によって評価され、それが為替相場で示される時代になっているのです。もはや金兌換ではなく、《覇権＝ヘゲモニー兌換時代》と認識するのが相応しい**はずです。いずれにしても（ダモクレスの剣状態の）世界中の経済をストップさせるわけにはいきません。……

防衛・国防費の大小はヘゲモニー構成要因の一つです。貴誌7965－67号で書きましたマク

ロ経済学のメカニズムを「防衛費の財源問題」に重ねると、「防衛費のような死活的でエッセンシャルな価値は国債で」ということになります。分かりやすくするために極端なケースで考えてみます。

防衛予算額を1000と仮置きします。その全額を民間が全額1000、税金で賄うとし、さらにその1000を民間は借金で確保すると仮定しますと、民間消費・投資が経済全体に大打撃を及ぼします。つまり民間は1000の負債を背負うことになります。逆に全額1000を国債で賄うとすると、国は1000国債残高が増え景気を押し上げることになります。つまり国債で防衛費を賄うと国の借金1000が（帳簿上）記載されますが、税金だと個別の民間人や事業者の借金が1000増えることになる。これが示すところは民間に借金を持たせるのと、国家に持たせるのはどちらがいいのか？ということになると思います。私の判断では特に「エッセンシャル価値の最たる塊である防衛費」の場合は圧倒的に後者がよいに決まっていて、防衛費に次ぐ「エッセンシャル価値」にはエネルギーや食糧・インフラ整備などがそれに値します。

敢えて補足・整理すれば、「特に死活的エッセンシャル価値は民間の負担を国の負担に集約すると良いことが多い」ということです。

1．民間のお金を税金で吸い上げると、経済全体を冷え込ませるが、国債ならむしろ景気を刺激することができる。景気過熱の場合は、逆に欲望的価値への税金を増やす方向にする。

2．防衛費を国債で賄うようにすれば、それだけ民間の貯蓄が増加し、消費や投資を増やし経済成長に資する。

3．民間が借金を背負うということは誰かが債権者になり、それがさらなる格差を生んでしまうが、赤字国債でなら格差拡大に「直行」せず、景気は向上し税収が増す。

4．国債の場合は、債権者が特定の個人や企業などではなく、結局は債権者と債務者が同一の国家になるので処理方法を見出すことが可能である。簡単に言えば、債権・債務は必ず同額であること、貨幣は価値そのものではなく道具であるからして、内生的貨幣供給理論の逆を「遠慮せず」実行すればいいのであること、などなど理論的には決して難しくはないと思います。（2023年10月25日）

【8104】

貴誌通巻第8102号「中国の都市化比率は60％を超えて農村の荒廃に拍車　農業人口の激減と農作物の輸入激増、そして食糧輸入国へ」を拝読すると、新刊本『新しい封建制がやってくる―グローバル中流階級への警告』（ジュエル・コトキン著　東洋経済新報社）に書かれているような、「（すでに経験済みの西洋的な封建制）ではなく、中国の都市部では「新しい（欧米的）封建制」が誕生し、農村部では依然としてあの西洋的な封建時代時代が継続（する）しているような気がしてきます。

「アメリカに中世はなかった」とセシル・チェスタートンが喝破しましたので、アメリカでは初めて（格差社会の勝利者に支配される）新しい封建制が生み出され、中国では昔からの封建制の権力を（同じく格差社会の勝利者たる）共産党が引き継いで、そのまま続いているのだ、と言ってもいいのかもしれません。また旧来的な死活的価値である食糧・資源エネルギーに加え宮崎先生が強調されているように、半導体という新規の死活的価値が今後の世界の様相を決定するとしたら、ますます国家というものはグローバル化とは真逆の「自己完結的に存在を確保できる国家体制」へと向かうのかもしれません。

政治的な趨勢としては、特定な政治家が国際関係を（人為的・恣意的に）動かし歴史を紡ぐというよりは、新刊の『穀物の世界史』（スコット・レイノルズ・ネルソン著　日本経済新聞出版）に詳述されているように、結局は「生の人間が有している死活的価値たる食糧・資源エネルギー・半導体」などの地政学的ベクトルが、世界の歴史の深層を今まで以上に語るようになることでしょう。（2024年1月24日）

【8095】（民間を債権者に国家を債務者に仕向ければ格差を是正するメカニズムが働く）

貴誌通巻８０９１号にて「『民間銀行の融資を受けられない人が』資本主義が持つこの『メリット』を享受できないのは不平等だと主張するのであれば、民間銀行は融資行為を減らし、その代わりに国が財政赤字を増やすことで平等化を進める『債務の国有化』により、日本は『社会主義的資本主義国家』に向かいます。」と書きましたが、「債務の国有化」とは個人がかかえている債務を国に移転するということではありません。経済の活性化とは「経済単位同士が多くの売り買いを今まで以上に増やすということであり、別の言い方をすれば、(債権イコール債務ですから当たり前ですが) 債権と債務を増やすということ」となります。つまり誰かと誰かが債権と債務を増やすことが必要になりますが、その債務をなるべく民間が背負うのではなく国家が債務を抱えるように仕向けるということです。

資本主義はもともと民間の債権者と債務者が経済の当事者であったのですが、国民国家の形成にそって徐々に国家がその当事者になるケースが増えてきました。とくに戦争が国家間戦争となるとこの傾向に拍車がかかり、これに加えて社会福祉の増大が加わることで財政赤字が普通の事となりました。つまり国家が多くの債務を抱える形体が広がったのであり、(あたかも戦争にも良い面があると言っているように誤解されかねませんので、言うのがはばかられるのですが) 戦争や社会福祉が経済成長を齎したと言えなくもありません。

民間が専ら債務を抱える体制下ではおのずから、消費が控えられる傾向に向かいますが、もし民間の債務が低レベルで債権が増えれば、消費は増え経済が上向くことになります。そこで考えられることは、債務を背負う役目をなるべく国に担ってもらうという姿です。そのメカニズムとは、民間の銀行借り入れをなるべく減らし、逆に国の財政赤字をその分だけ増やす方法です。この考えにもっとも「先進的な国」が中国とアメリカだと言えます。なぜなら中国は国家資本主義と呼ばれますように説明の必要がない程明らかですが、アメリカの場合は、アメリカのダイナミズムを生み出しているのはイノベーションの生みの親が、実は民間ではなく巨大な国防費であることがそれを物語っています。こう考えると**以上はピケティの格差のメカニズム論と平仄が合うような気がします。**（2024年1月17日）

【8106】（債務者を国家に、債権者を民間に政策的に傾斜させる。即ち（a）欲望的価値関連の財源を税金で、（b）死活的価値関連の財源を積極的財政で赤字国債で賄う）

書店の新刊本コーナーで、帯に「『大いなる過熱』の後に何が起きるか。コロナ禍を機に急激なインフレが世界を襲った第一の原因は、先進各国の大規模な財政政策だ。第二の原因は、インフレを一時的と誤認してサプライチェーンの寸断などの供給ショックに怯えた中央銀行が利上げに出遅れたことだ。今や米国の高金利が誘発する超円安は、供給能力の低くなった日本のインフレを助長し同時に財政インフレリスクも忍び寄る。局面打開に何が必要か。著名エコノミストが理論・歴史・政治・国際的視点から金融経済の行方を読み解く得心の書！」と記されている表題：『グローバルインフレーションの深層』（河野竜太郎著　慶応義塾大学出版会）を見つけました。そこには「深層」とありますので、経済の本質に迫った内容かも知れぬと期待して買いました。ですが……書評は（なるべく客観的に）を心せねばならぬと自覚しつつ、主観的に同書を能登半島地震報道にダブらせて感想をのべたくなりました。それはテレビのニュース番組で気象庁の「今後一週間程度は震度5をマックスに、それ以上の地震に十分注意してください」との報道を繰り返し聞いているときの思いと似ているな～ということ。「震度5をマックスにそれ以上の」とは要するに「何でもありだし、どうなるかもわからない」ということと同じはずですから。

因みに「あなたは昨今の経済情勢を踏まえ、経済の仕組みをどういった方向に改善すればいいと思っているのか？　その深層を延べよ」と問われれば、現代資本主義の大きな弊害となった格差問題を改善するためには……、

1．個人情報・公共情報は「公共財」であると法的に「宣言」する。

2．「内生的貨幣供給理論」の不平等性を是正する。具体的には通巻７６１９号で詳細を記したが、民間銀行が融資を行うに際しては「公定リスク負担率指標変動制」に準ずるとともに、融資額

への金利もインフレ・デフレに適応する「新・公定歩合制度」を復活させること。

３．債務者を国家に、債権者を民間に政策的に傾斜させる。つまり（ａ）欲望的価値関連の財源を税金で賄い、（ｂ）死活的価値関連の財源を積極的財政で、つまり赤字国債で賄う。ということになります。

４．モラル・ハザード防止策として、国家が一時的に破綻銀行の預金者の預金を政府勘定に緊急避難させる「緊急預金者保護制度」を導入する。

（第２部まとめ）

> 【８０５１】（日本経済の課題＝誰もが疑いを挟まない前提が最も疑わしい１．）《政策・体制面でのまとめ》

貴誌通巻８０４５号関連：日本経済のあるべき姿を以下のように整理して見ました。要するに「誰もが疑いを挟まない前提が最も疑わしい」を肝に銘じるということとなります。

《政策・体制面でのまとめ、その１．》

１．為替について：円高か円安がいいのかは資源・エネルギー・食糧・安全保障体制・インフラなどの死活的価値の安定確保上の環境によって決めるべき。アメリカやロシアのような資源国ではない日本は世界情勢が不安定である時期は、欲望的価値より死活的価値を得やすくするために円高、そうでもない時期は円安が望ましい。（補足：そもそも為替相場は市場が決めているなどとの教科書的主張は誤りで、為替相場は典型的な政治的産物であることは明らかだ。長期変化をグラフで概観すれば、そこに示される地殻変動的「断層」が政治的な決め事であることを語ってしまう。非人為的市場ならばそれは常に曲線であるはずだ。）

2. 経済は貸借関係で成立しているが、これは債権と債務が常時等しいということ。さすれば「累積債務に対する債権者は誰なのか？」の答えからは「大枠としては債権者を国民に、債務者を政府に仕向けた経済体制が望ましい」という姿が（当然）現れる。そこへ行くためにはどうすればよいのか？　以下3．の如き経済政策を目指せばよい。

3. **積極財政か均衡財政かの二者択一ではなく、死活的価値の財源は積極財政による（赤字）公債で、欲望的価値の財源は税金を充てるなどの健全財政に沿った、積極・均衡財政政策の二本建てが望ましいことがわかる。**（補足1：日本以外の国々はそれとは逆の、死活的価値は均衡財政で、欲望的価値財源は積極財政で財源を確保するようになれば我が国にとって好都合である。補足2：財政のみならず上記為替政策も同様に、「死活的価値は累積戦略で、欲望的価値は順次戦略で」の体制を敷くことの必要性が明らかになる。補足3：勿論「過度なインフレに

ならぬようウォッチは必要である。）（2023年12月16日）

【8052】（日本経済の課題＝誰もが疑いを挟まない前提が最も疑わしい2.）理論・法制面のまとめ、その2.

《理論面でのまとめ》

4. エール大の浜田名誉教授の「クルーグマン氏をはじめ、世界の経済学者がインフレにならない限り、通貨発行国は公債発行で財政赤字を賄い、最後は紙幣を刷り増せばいいという考え方に次第に賛成するようになった……」は概ね正しく、しかし「最後は紙幣を刷り増せばよい」とは「相殺」するという意味であろうが、この部分が示すところは積極財政派・ポストケインズ主義派・MMT学派は（「名目価値通貨と実質価値通貨」を知らぬ故、理解はむずかしかろうが）誤りであろう。なぜならば、いわゆる公的累積債務は名目価値通貨という形で帳簿に残るが、それを相殺に使う財源は税金という実質価値通貨である。したがい（価値の帯同されていない）名目価値通貨額を（価値帯同）実質価値通貨で相殺出来るはずがない。ここは内生的貨幣供給理論上の（何もないのに価値が生まれることと見なす）「事務手続き」の逆を粛々と遠慮せずにとり行えばよいのだ。以上が示すことは貨幣は価値そのものではなく価値創造機能と価値運搬貯蔵機能を有する道具（触媒）であるということだ。

5．現在のインフレ・デフレ論議の根底に欠けていることは「価値には時間的増減がある」という考えだ。同じ価値も環境変化に従い、増えたり減ったりしている。いまの複式簿記では一旦記帳された数字は固定されてしまうが、人類社会が本来求めるべきは通貨ベースではなく価値ベースの簿記表示であること。ここに通貨ベースの債務と価値ベースの債務の違い（区別）が露呈され、それがインフレ・デフレ論を確固とした理論に導くことを妨げている原因となっているのだ。

6．銀行破綻が起きると必ず、結局は国家が銀行破綻を放置できず、国費を投入して預金者救済を図らざるを得ないという構造を銀行側は「人質」にとり、民間企業の損失を税金で賄うようになった。この不条理を防ぎ健全な資本主義を維持するために以下の如き「預金者救出オペレーション法」を制度化すべきである。

《法制面でのまとめ》

⑴ 銀行破綻の確かな兆候を発端に、政府はすべての預金をいったん強制的に引き出し政府勘定に移動し、保護する。

⑵ 保護された預金を預金者は自らの意思に従い、ほかの金融機関に移転させることができる。

(3)　破綻銀行の財務諸表は預金が取り除かれ、自己資本や預金以外の借り入れなどから得た「資産」を残し、この状態で銀行側は始末を続け、国家は関与しない。銀行の株主は大きな損失を被ることになるが、同法により経営責任をはっきりさせる「健全な」資本主義制度の原点としなくてはならない。（2023年12月16日）

第3部

現代経済理論の疑問多き論点を考える

（＝人間世界は天然・人工価値世界の二つの世界から成なることを知れば、この二つの世界の宿命的不整合が人間世界に不都合と争いを生むことを説明できる）

第3部　目次

1.【新説　貨幣論】

「VOICE」誌2016年10月号で呉善花氏は以下のように述べています。

「交易も単なる経済交換ではなく、贈与の精神に則ったものでした。古く国交というものはまず交易から始まるのが常でした。交易で重要なことは、国と国との緊張関係を緩和し、信頼関係を養い、戦争によらない平和な相互関係を築いていく機能を持っていることです。こうした機能を持つ交易の起源は、おそろしく古いもので、原始の時代から異種族間で行なわれたと考えられています。人類学の研究からも、未開社会の交易は経済的な目的からではなく、贈り物を交わし合うことで互いに慰撫し合い、対立を避ける目的で行なわれたことが知られています。こうした精神的な意義を持つ贈与の習慣はいまも生きています。贈与される物には贈り主の感謝や祝意などの「心がこもっている（魂を宿している）」のです。ですから、必要に応じて、何らかの形をもってその心をお返しするのが礼儀なのです。経済関係は物と物との交換で始まりますが、古くは物は、たんなる物質とは見なされていなかったのです。それは、あらゆる物に「神が宿る、魂が宿る」と考えたからです。したがって、最も初期の交換の主人公は魂でした。ですから物の意義は、大切な魂を乗せて運ぶ「乗り物」としていかに相応しいものであるか、にありました。ここが商業というものを考えていく出発点になります」と。

■私の考えはこうです。

人間は想いや意志と物事の価値、人間は想いや意志のためには言語を創造したことで多くの人間と意思疎通を図れるようになり、人間社会が発展することになった。また価値のためには、社会の中で「移動可能で持ち運びできる容れ物」を創造することで、経済社会を構築できるようになった。水や粉や砂等々は枡などの分量が一般に認知されている容器・容れ物がなければ質的・量的な大小が分からないし、運ぶこともできない。物理的実体ではない価値の場合はなおさらで、質的・量的な大小を定め、移動機能を持たせた容れ物を用意し、それに載せて運び出さねば、社会に溶け込ませることができない。つまり、貨幣とは枡やお盆のように価値を載せ、社会化(socialize)するための形而上の〝容れ物（荷台）〟つまり運搬手段たるインフラなのだ。例えば、鉄道が都会から過疎地域に敷設されるとそれが地域の活性化に繋がるが、それは都会にある「価値」が過疎地域に運び込まれるからである。その場合、列車の客車や貨物車は価値を積載する容れ物なのだ。

ＡＡＡ：貨幣をいかなる概念で捉えるべきか

１．水や粉や砂等々は枡などの分量が一般に認知されている容れ物がなければ質的・量的な大小が分からないし、運ぶこともできない。

２．物体ではない価値は個人の心のうちに宿るものゆえ、質的・量的大小は他人には分からない。価値はそれが心の中に留まる限り、願望にすぎず、心の外に移動させ得ない限り、いかなる経済活動も成立しえない。

3. そこで価値の質的・量的大小をまがりなりにも特定し、移動可能とするために、価値を一定量ずつ運べる枡やお盆のような〝容れ物（荷台・計量カップ）〟を人間は考え出した。これによって心の中に留まるしかなかった価値を、人間社会に持ち出すことができるようになり、それが貨幣となった。

4. 価値は一人ひとりの人間の心の内に生まれるがゆえに、その大小は千差万別である。安値感とは容れ物に載っている価値が多い時、高値観とは価値が少なすぎると感じることである。

5. 価値をどの容れ物に載せるかを当事者が決めたものが「価格」となる。かような価値に価格をつける行為が、社会の中で妥協や合意や納得などの往来交差を通して集積・一般化され、普遍的な価値単位の概念が形成されてきた。そして、しかるべき価格が表示され、運ぶことのできる容れ物に載った社会的に認知された価値が「経済価値」というものであり、それは言語と同じく「制度」なのである。

6. インフレとは容れ物に載せる（盛る）価値が、容れ物に多めに載せられている状態。デフレとは容れ物に過少に載せられている状況をいう。つまり、インフレ時には容れ物が余っている社会的状態、デフレ時には容れ物が不足している状態を示している。容れ物にギューギューと価値が詰め込まれている場合、そのはみ出した価値が利潤（得したとの感情）に相当する。逆に過小に積み込まれている場合は、その隙間が損失感なのだ。

7．金利とは容れる（＝入れる）物を載せるための使用料金のことであり、容れる（＝入れる）物が過多の時は高騰し、過少の際は下落する。鉄道というインフラで表すれば、運賃が金利である。

8．人間一人ひとり人の心中で生まれる価値が心の中から出て社会に浸透する。つまり、価値の社会化のために貨幣が生まれた。これは人間ばかりではない。あらゆるゴーイング・コンサーンの中にもそれ固有の価値が生まれる。企業もゴーイング・コンサーンであり、事業の成功に必要な資源動員のためには、企業の価値を、たとえそれが不確実性を抱えていても、速やかに社会に浸透させる必要が生じる。それが豊かさを希求する資本主義の活性化にとって望ましいのだ。この迅速なる社会化を促し、達成させるサービス業として銀行が生まれた。

BBB：マネー社会が抱える諸問題に対する〝新説　貨幣論〟の向き合い方

1．『21世紀の貨幣論』（フェリックス・マーティン著　東洋経済新報社）の英語名は「Money: The unauthorized Biography」となっている。この題名から推察できるように、同書ではマネーというものが、そのとてつもない影響を人類社会に及ぼしているものの、重大な問題を抱えながら歴史を刻んできて、近代、そして現代へと公的承認を経ぬまま、それがますます肥大というより制御できぬほどになってきてしまったと記している。

2．『富国と強兵』（中野剛志著　東洋経済新報社）ではイングランド銀行が貨幣供給についての通俗的な誤解を下記のように指摘していると書いている。

「銀行は、民間主体が貯蓄するために設けた銀行預金を原資として、貸出しを行っているという見方である。しかし、この見方は、銀行が行っている融資活動の実態に合っていない。現実の銀行による貸出しは、預金を元手に行っているのではない。たとえば、銀行が、借り手のA社の預金口座に1000万円を振り込むのは、手元にある1000万円の現金をA社に渡すのではなく、単に、A社の預金口座に1000万円と記帳するだけである。つまり、この銀行は、何もないところから、新たに1000万円という預金通貨を創りだしているのである。**銀行は、預金という貨幣を元手に貸出しを行うのではない。**その逆に、貸出しによって預金という貨幣が創出されるのである。貨幣が先で信用取引が後なのではなく、信用取引が先で貨幣が後なのである。銀行による貸出しは、本源的預金による制約を受けずに、借り手の需要に応じて行うことが可能である。銀行は、企業家に対して、理論的にはいくらでも資金を貸出すことができる。つまり、銀行は、借り手の需要に応じて貸出すことで、銀行預金を創出する。銀行の融資活動によって、預金という貨幣が新たに創造されるのである。」と。

民間銀行が銀行預金というマネーを中央銀行はおろか、誰とも無関係に創造し、〝勝手〟に社会に放出している（unauthorized な）実態を述べている。それにも拘わらず、恐慌時になると、流動性支援はまだしも信用性支援を民間銀行に対して国家が国民や企業などの税金を使って救済していることを許容しているのは、おかしいではないか。つまり、現行制度では、国家が法的な保護を与えていることで〝私的貨幣〟を〝公的貨幣〟に自己判断にてauthorizeなしに転換することを放任しているのは不当なのだ。

CCC：「新説　貨幣論」に立脚した制度改革案

「新説　貨幣論」では、ベースマネー分野以外についての考察であるが、中央銀行だけが〝円〟という国定通貨単位で形而上的な「容れ物」を作ることができ、それを民間銀行に貸与すると解釈することから出発する。民間銀行は中央銀行から〝供給〟される「容れ物・荷台)」つまりインフラを借り、顧客に再度貸し出しているに過ぎないと考え、「容れ物」のオリジナル〝供給者〟は「国定化」という国家のお墨付きを付与する権限を持つ中央銀行であるとする。これで民間銀行は〝正式に〟融資に対して〝円〟という通貨単位を使用することができることにする。さすれば中央銀行はかような機能を行使する独占的権限に対して一定の責任を背負うことになるのだと説明できるようになる。

1．かような関与の確立を前提に、専権事項として、中央銀行（国家）は民間銀行の顧客に対する融資額における〝公定リスク負担率〟を決め、それをtime to timeに指標として公表する制度を設定する。例えば、かつては「公定歩合」なるものを日銀が、その時々の経済情勢を勘案して、金利指標として決定し公表していたが、これと同じように、民間銀行が顧客の融資に応じる際は、その時点で公表されている日銀の〝公定リスク負担率指標〟が適用されることになる。つまり、民間銀行が現行では100%融資に対するリスクを背負っているが、新制度下では、仮にインフレ対策が必要と日銀が考えているときは、公示リスク負担率指標を120%とし、もし当該融資が焦げ付いた時は、銀行は20%分を余分に負担しなくてはならない。逆にデフレ対策が必要な時期は〝公定リスク負担率指標〟は80%と設定され、もしそれが焦げ付いた時は銀行は融資額の80%を負担すれば済むという具合だ。さすればそれだけ民間銀行はデフレ時期では融資案件の拡大に精を出し、インフレ対応時期には融資に慎重になろう。すなわち、通貨供給量をコントロールする新たな手段・ツールを国家に持たせるのだ。

2．上記のデフレ抑制期の銀行負担増分20%とインフレ抑制期の20%の負担軽減分は新たに設置される「銀行経営安定化基金勘定」にて管理されることになる。なお、民間銀行が自行独自の通貨を作ることは自由であるが、その場合は〝円〟という通貨単位を使用することは許されず、上記制度の対象は円という〝ブランド名〟で融資を行うと、民間銀行が決めた時に限られる。

DDD：「新説貨幣論」からなる新制度の意義について

「新説　貨幣論」は、銀行システムの不条理を、もしかすると初めて明らかにしてしまったのかもしれない。なぜなら貨幣商品説や信用貨幣説からはこの不条理は発想できないはずなのだ。つまり、中央銀行が生まれてからは、民間銀行は各国の通貨単位、円・ドル、等々のいわば国家のブランドを対価も支払わずに民間銀行は使用してきたわけである。通貨単位は大きなブランド力（信用力）を保持していることを誰もが認識しているがため、通貨はそれなりの信用力を有することができたのである。それにも拘わらず民間銀行は「容れ物」にかかるブランド料を払わずに、自行が融資したマネーに自国の通貨名を〝自由に〟使っていたのである。例え中央銀行の株主が誰であろうとも、それは近代社会の一般的倫理観からすれば不条理といえよう。また、中央銀行というものが、国家の機関とほとんどの国の国民が認識し、かつそれを前提に行動していることを知りながら、この状態を見過ごしているとすれば、それは深刻な問題とされるべきであろう。

だが、更に重要なことがある。実はこのブランド料のことに本質を矮小化して終わらせてはならないのだ。**世界をグローバル化が覆い、その結果格差問題が各地で惹起され、リーマン・ショックなどの経済問題がこれらと交差する中で、世界を覆う国際金融システムの決定的とも言えそ**

うな〝巨大な歪〟の根源は、このブランド問題の奥に隠されてきた（いる）ような気がする。そしてそれを実現させ得たのは、融資をその金額のままで資産として簿記上記帳することを認めてしまう会計学にも問題があるように思われるのだ。（２０１７年6月30日）

2.【生命科学的経済原論・天然価値と人工価値】

■生命科学と経済学を重ねると、前々から養老孟司氏が（生命科学・分子生物学・心理学・哲学的）お考えのなかで言われていることは、私の「この世のカラクリ」を見つける目標と深く関係しているし、就中、経済学に重ねると、さらにそれがわかりやすく姿を現してくるような気がしてくる。つまり、養老氏が主張されていることに経済学を重ねると、以下のように「経済原論」そのものとなるように私は思えるのです（なお、このような考え方の源流は「自然という〝生命の網〟を発案したアレキサンダー・フンボルトにある」と私は思う。彼はゲーテ、ダーウィン、ソローに絶大な影響を及ぼしたが現代の学問の閉塞感（観）をも打破するに値するヒントを提供している）。

1.『遺言。』（新潮社）で養老氏は「人は動物とは違う意識というはたらきの能力をもつようになった。意識はたぶん動物でも持っているが、ヒトの意識は『同じ』と『違う』を理解できる。

感覚は世界の違いを捉えるが、ヒトの意識はそこから「同じ」を創り出す。『同じ』という能力は、ヒトの意識の特徴である。**『同じ』という能力は交換を生み、お金を生み、相手の立場を考えるという能力を生む。この他者の心を理解するというはたらきは『交換する』と同じことだろう。**必ずしも心を読む必要はなく、『相手の立場だったら』と自分が考えればよい。この、自分と相手を交換するという働きは人間だけのものだ」と述べておられます。つまり……、**人間社会は「同じ」から成り立っていて、経済行為とは「同じ」を追求し、経済学は「同じ」をたどることだ。**人間が生きているということは、あらゆる生命体が、例えば植物は炭酸ガスを得て代わりに酸素を放っているように何かを得るために、何かを放出している。つまり「代謝」している。生命体の代謝は常に得るモノと与えるモノが「同一＝等価」になるように動いているが、その前提として、得るモノが「自分にとって相応しいモノ、必要なモノであるか」を選択しなくてはなりません。そして、その選択の工程を経る中では、その生命体が生態系の中での優越的に必要なものをできるだけ多種類に保有という「同一＝等価」を目指す「交換行為」におけるオプションを持とうとしているのです。それゆえに生命体である人間は、何から何まで欲しがり、かつ一見無用なモノも有用なモノに創り変えようとするのだろうと思うのです。これはトランプ氏の「DEAL」に繋がります。

2.「情報は動かないけれど、人間は変化する。現代社会は、『同じ』が世界を埋め尽くしている社会だから。記号や情報は作った瞬間に止まってしまう。見ている人間は、本当は変わり続けるが『自分が変わっていくという実感』を持つことが難しい。それは、人間を取り囲む事物が、情報や記号で埋め尽くされているから。困ったことに、情報や記号は一見動いているように見えて、実際は動いていない。だから余計に、人間は自分の変化を感じ取りにくくなる。**要するに人間は常時変化する生き物であるから、何もかもほうっておいたらわからなくなるが故、瞬間に留まってしまう記号であり情報である『同一／等価』を固定・確定し、保存する貨幣の存在が必要となるのです**。……人は言語、通貨などシンボルを共有する。共同体は言語、婚札や埋葬その他の社会的儀礼、通貨などを共有するが、それはシンボルとシンボルの体系を共有するということ。集団はシンボル体系を共有するが、このシンボル体系には、一定の論理が備わるようになる。論理を使うと『論理的に』他人を説得することができる。論理や数学は、いやが応でも結論を認めざるを得なくなる」（カッコ「　」内は『ものがわかるということ』養老孟司　祥伝社より引用）。そこに価値論を包含した経済学である「生命科学的経済原論」の基盤が培われると私は考えるのです（これは第二部の5.「旧来経済学の多くは時間軸が欠落しているのでは」に繋がっている）。

2023年1月13日　通巻7589号（天然価値・人工価値の発案の基と「交換様式」の関係。この「哲学を書きかえた画期的な『力と交換様式』は価値＝通貨としているところが問題なのだ）

通巻7570号で「今月初めにほとんどのマスメディアで、哲学のノーベル賞といわれるバーグルエン哲学・文化賞を日本人の柄谷行人氏が受賞されたと報じました。『力と交換様式』（岩波書店）という氏の書籍が新しい哲学を生み出した画期的な功績だとのこと。同書によると、力と交換様式はA）互酬、B）服従と保護、C）商品交換、D）Aの高次元での回復、に分類でき、この世の実相・歴史はこの4点の交換様式で説明できると書かれていて……同書の内容は拙書とかなり重なっている。……比較するのはおこがましいが、この交換様式というのは拙書で一貫して主張した、『この世のカラクリはレシプロシティ（＝交換様式の母体？）から成り立っている』と同じ視点にあるような気がした。だが彼の本では一つだけ欠けている重要な視点がありそうだ。それは柄谷氏の交換様式A～D、は『生物学的なレシプロシティ』（仮称：プレA：）論が説かれていないことで、これはとても惜しいことだ。私はA：の前にプレAが存在していて、D：にはこれが内包されている、というべきか、それともA：～D：の全ての根底に存在していると言えるかもしれないと考えている。そして『力と交換様式』で一貫して柄谷氏が問いかけている

「物神」とは何か?に「このプレAが充当されてしかるべきかもしれない、と思う」と投稿しましたが、**この「哲学を書き換えた画期的な」と報道された柄谷氏の論考も「価値イコール通貨」を前提としているのであり、これがゆえにプレA：の存在にお気づきになっていないのだと思っています。それほど私は「価値イコール通貨」がこの世のありようを複雑にしているかを、この世に訴えたいと思っているのです。**

■「同じにする」と「天然・人工価値」の関係が貨幣・通貨をして価値創造機能を保有させた。

1．「意識」が「同じにする」という機能を生んだからには、そこには「同じにしたい」がための必要性つまり「それをするに値する価値」があったはずです。そこで価値を「同じにする」機能をいまだ持っていない段階の価値と、「比較し、同じにし、交換できる」機能を持った段階の価値に分けてみます。すると、前者は数字が存在しない、いわば自然に心に宿るナマのままの「天然の価値」とでもいうべきもの。後者は「同じにする」から始まり、「天然価値」を便宜的に数字や量的概念をイメージもしくは代替する言語を使ってリアルの世界に転換した「仮想」の価値、つまり「人工の価値」とでもいうべきものとなりましょう。換言すると、「人工価値」は「天然価値」をヒト社会の中でも通用できる姿（移動・保存・交換可能）と「同じに」転換しようとしたものといえます。ところが、実際はそれは不可能であり、我々はいままで、心の中に宿る価値と心の外に存在する価値を区分せず、あれこれ思考を巡らせてきたため、ヒト社会の実相やこの世のカラクリを鮮明に説明することができずにきたのです。

２．ヒトは天然価値を人工価値と「同じ」程度に置き換えようと努めてきました。そして、それをバネとしてヒト社会に於ける人工価値を進化・巨大化させてきた。しかし、天然価値から人工価値に一切の齟齬を来たさぬ状態で社会化させるなど、本来不可能なのです。別の言葉で言うと、天然価値を、１００％正確に意識の世界に於いても通用できる人工価値に変換することは不可能であるにもかかわらず、それを強いてしまうと、争いごとを生んでしまいアンバランスを生んでしまうのだ。つまり、「感覚と意識の対立・乖離」と同様に、意識世界に於けるヒトの持つ「価値観（感）」にも同じく「天然価値と人工価値との対立・乖離」の問題を起こしてしまう。**そして、そのアンバランスを平衡状態に戻すために、人工価値から天然価値に回帰・修復するパラドックス的ベクトル、つまりレシプロシティが機能しだすのです。そして、「レシプロシティの発生母体は外ならぬ分子生物学における代謝機能にある」とするのが私の発想であり、それは「力と交換様式」（岩波書店）を著した柄谷氏が言われ、同書の要諦である「物神」のことであろうというのが、私の推測なのです。**

3. 価値とは人間の心の満たされる度合いで決まるが、それは人それぞれ常に異なる。いや、同じには決してならない。その個々に異なる人の心の中に宿る天然価値を人間は社会化・制度化するために人間集団に持ち込んだ。そして、それらを社会に導入・共有・通用させようとする行為が人間の生命活動であると言えましょう。繰り返しになりますが、この天然価値を人工価値に転換させる際、最大の問題は、天然価値イコール人工価値とはならない宿命にあり、このことが人間社会のあらゆる争いごとの原因となっています。これと似ているのが「真実と歴史の関係」です。神様しかわからない真実を〔天然真実〕と仮称すると、歴史とは「人工事実」であり決して天然真実は人工事実とは一致しない。これが歴史認識の違いとなり戦争などの争いごとを生んでいると思われます。

4. 天然価値と人工価値から成りたつ「この世」にはレシプロシティ〔互酬性・互恵性・相互主義・ディール〕が組み込まれていると思います。歴史・経済・貨幣論・政治・社会・国際関係・生態系……すべてから、最先端の分子生物学が示すように、細胞レベルの極小の世界、すなわち生命体までを、複式簿記的思考回路で俯瞰すると、そこにはレシプロシティがあり（＝機能し）、その動的状態からは常にバランスを求める姿がパラドックス現象として可視化できます。レシプロシティは「出」アウトプットと「入り」インプットがバランスしている、またはしようとしている状態であり、複式簿記的思考（＝動的平衡論）なくして語ることはできません。借方と貸方が等しくなければ「争い」が生じるのです。だからこの世をいまだよく知らない幼児さえも「不平等」を本能的に感知し、「ずるーい」を連発することになります。このように「同じでない。等しくない」という状態に、人間は本能的に（そして、恐らく細胞体からして）反発するように作られているのだと思うのです。

5．感覚・天然価値優位の時代は、「普遍性の装い」を凝らした神話・宗教・王権神授説などの初期的・原始的情報伝達手段で人間集団は治められていました。それが徐々に書籍の普及や通信・新聞・放送・テレビなどのマスメディアによる寡占的情報伝達手段を以って意識・人工価値優位の時代へとヒト社会が変質しました。さらに21世紀に入ると、ＩＴ革命によって、普遍性とは真逆の大量かつ細分化された情報が個人の末端まで到達する「意識・人工価値絶対優位」の世界があたかも到来したかのような状況になりました。しかし、一方ではこれとはパラドックス的にヒト社会には感覚・天然価値方面に平衡を求め回帰する種がまかれ、早くもその芽が膨らんできたのです。つまり、ここでもレシプロシティが機能しています。

6．経済とは天然価値を人工価値になるべく等しく転換する（できるだけ近づける）ためのヒトの行動の総体を指すと考えます。通貨とは元々は交換手段であり、信用（債務）として機能してきたが、経済行動を誘発・誘因するための触媒（道具）になることにヒトは気づきました。現代の人間社会に於いては通貨・貨幣が「疑似餌」ともなり得て、それを以ってヒトは人工価値の「生産」活動を起こすようになりました。つまり、ヒトの『同じにする（したがる）』機能がここでも起動し出すのです。これが「価値創造機能貨幣説」であり、内生的貨幣供給理論を「同じにする（したがる）」が「正当化」し、さらにＭＭＴの出現を招いたのです。インフレ・デフレ発生の原因を考察することは極めて重要なことでしょう。私はそれが「内生的貨幣供給理論」に端を発するものであるとし、銀行の融資行為における会計学上のトリックでこの理論を固定化し、糊塗してきたことを原因としたのだと考えています。これを端的にいうと**民間銀行が融資金額を（それが天然価値の段階であるにもかかわらず）人工価値として簿記上記帳すること（つまり、天然価値と人工価値を同一視すること）**に問題があるということに尽きるのです。そして、この銀行のトリックを国家（中央銀行）に置き換えたものがＭＭＴの姿となるのです。**結局、この内生的貨幣供給理論の正当性を担保せしめてきたものは「価値イコール貨幣・通貨とみなす＝同一視する」ことが前提だったのです。**内生的貨幣供給理論やＭＭＴは**「貨幣・通貨が価値を生むという価値創造機能貨幣」**の価値という概念を「天然価値」とすべきものを**「人工価値」**にすり替えることから成り立っている「トリック」なのですが、このトリックがヒト社会の発展の過程において、資本主義制度として成長に寄与してきたのです。

■価値論内包のロゴス経済学の萌芽＝分子生物学的「代謝」と経済学的「(レジティマシーを経た) 代謝」。さらに貿易論へ繋がる。

1．交換の原型は、すべての生命体が行っている「代謝」である。あらゆる生命体は、植物は二酸化炭素を吸収し酸素を放出するように、それぞれが必要とする(価値を有する)何かを他者(外部)から求め、それに等しい(相応しい)何か(価値あるモノ)を他者(外部)に与える代謝機能を有する。すなわち、すべての生命体は価値のバランスシートに則って生存を図っている。ヒトも同様に代謝機能を稼働させ続けるために、価値のバランスシートを必要とする。ただ、ほかの生命体は外部から得る(価値ある)モノと出すモノがほぼ定まっているが、ヒトは自分に都合よくなんでも同一視し、できるだけ多くの種類のものを得る一方、なんでも放出できるよう多くのオプションを獲得しようとしてきた。要するに、人は同一化によりオプションを増やすことで生存の可能性を大きくしようとする(欲深い)習性を持っているのである。

この活動を実のあるモノにするためは、「出」の価値量と「入り」の価値量を把握し、その中から適当なモノを選ばねばならない。ところが価値量というものを客観的に把握する術はなく、やむを得ず人間は貨幣・通貨という代替手段を考え出した。そして、これを以って価値量を測り、比較する手段とした。その結果としてヒトは多種類の価値の動静を総合的に管理すべく暫定的に『価値イコール通貨・貨幣』を前提とした複式簿記からなる社会を作り出せたのである。

2．「代謝」の「記録帳（備忘録）」である「複式簿記」はレジティマシーを経て記帳の対象となる。全ての資本主義国は複式簿記体制を以って存在できているはずだ。ただし、複式簿記が社会性・公共性を特定するためにはレジティマシーが無くてはならない。特殊な人たちだけが決めた価値が「混入」してしまっては、複式簿記の信頼性・公共性が失われ、社会に混乱をもたらし機能しなくなるのだ。

3．もともと「複式簿記は価値を把握する」ために考えられたものであり、現行の複式簿記は、マネーで価値を管理するための暫定的な代替ツールにすぎない。ここで注意が必要なことは、通貨・貨幣には価値の存在を担保させる価値帯同（含有率）機能を保持させ続ける必要があり、例えば、土地・食糧・資源エネルギーや金等の本位制等が考えられてきた。しかし、ニクソン・ショック以来、金兌換廃止により通貨と価値の「密着度」がいよいよ希薄になるに従い、国内外とも経済のありようが大きく変わりつつある。

国内経済としてはそれを「国家の財政政策」の違いに見ることができる。いわゆる財政健全化派と積極財政推進派の対立である。前者は「価値イコール通貨・貨幣」をあくまで墨守し、後者は「通貨・貨幣を価値創造機能や納税義務解消の手段」として重視し、「価値イコール通貨・貨幣」とする「陥穽」から（彼ら自身はいまの段階では明確には意識していないものの）脱皮しつつある。この相違が示すことは、「マネーで示される財政赤字と、価値そのものを中核とした財政赤字とは必ずしも一致しない」ということであり、価値ベースの複式簿記で財政状態を評価せねばならない時代に入ってきたということである。

4．国際的には、中国の対外強硬姿勢やロシア・ウクライナ戦争の影響で、経済安全保障と国際貿易の関係にも、価値とマネーの密着度の論議が及ぶに至り、そこには「マネーでその貿易の是非を判断するのではなく、実体的価値そのものが、その価値に見合った価値と交換される貿易取引」であるのか？　といった観点から評価される時代に入ったということである。つまり、通貨の本質的変化により、必然的に貿易論は根本的に下記のように変化した。

①　「輸出主導的・重商主義的レジーム国家」は苦戦する。「貿易振興」は日本繁栄への「旗印」であったし、それを目指す諸策は「通貨イコール価値」を前提に「管理」されてきた。しか

し、MMTの時代に入るや、通貨ではなく実物価値をもって管理せねば意味がなくなる世界になりつつある。つまり、単なる「貿易振興」は過去のものになる。

② 自己完結的な国家群からなる国際情勢が形成され、必然的に国際貿易は相対的にシュリンクする方向に進み出した。

③ 国家の経済力の強化を図るため、いかにして自国通貨の強化を図るかが、(伝統的な財政・金融政策を「払拭」したうえで、)国家の重要な目的になる。それは「自国通貨の国際的汎用性や流通性を獲得するか」ということ。この汎用性と流通性の強固策こそが、「富国」を築くための鍵となる。

④ グローバル時代の人・モノ・カネの活発な動きにブレーキがかかり、それによる「不都合・不便」を軽減するための新しいサービスが求められる(それゆえ、これらを(昔は)担っていた総合商社のかつての役割が再び蘇る)。

⑤ 「通貨を基礎とする複式簿記の時代」から、「実物価値を基礎とする複式簿記の時代」に変貌する。換言すれば、通貨イコール価値ではなく価値の動きを追うための道具(手段)であるとの認識が強まり、「通貨は必ずしも価値とは言えない」世の中として定着する(これをようやく感得し始めたのが、「ポズサー・レポート」である)。

以上を総括すれば「価値イコール通貨」でヤリクリできていた世界は、価値と通貨の間の価値帯同率がニクソン・ショック以来逓減したことで、「価値は必ずしも通貨に等しくはない」時代に入ったということである。簿記の求めることはマネーベースではなく価値ベースであることを十分勘案したうえで、マネーベースの複式簿記を操らねばならないのだ。

3.【均衡財政派・積極財政派の双方とも価値帯同（実質）通貨と不帯同（名目）通貨の存在と意味を理解できていない】

1.「会社・個人の相互でやり取りされる簿記論」（A）と国家ベースでの「簿記論」（C）とは異なるものの、国家による国債発行（C）と民間銀行の融資行為に伴う信用創造（B）は同じメカニズムであり、同じ範疇に属します。「価値不帯同通貨」たる（B）（C）は「簿記の世界」と「経済社会」にまず流し込まれ、これは既存の価値の保有者達の価値を浸食している（インフレ効果）ことを示しているからです。他方（A）は「会計学」だけで構成されています。それにもかかわらず、例えば、（C）であるMMTは（A）を根拠にその理論の妥当性を説明しています。この誤りを理解するためには、（B）と（C）は通貨は全て価値を内包しているとみなしていることに問題があり、通貨を価値不帯同通貨と価値帯同通貨に区別しなくては理解が難しいことに気付かねばなりません。

2. 国家による通貨増刷行為（C）と民間銀行の融資による信用創造（B）による価値不帯同通貨の社会への「放流」は、時の経過に従いインフレ効果を伴いながら「経済社会」に浸透し、価値帯同通貨社会に混ぜ合わされ、最終的に「経済社会」全体が価値帯同通貨化されます。つまり、価値不帯同通貨は「価値帯同通貨へ合流」しながら交換・移動・保管などの伝統的機能（D1）を兼ね備えつつ、「価値創造のための呼び水効果」（D2－1）や「消費需要を喚起する機能」（D2－2）を合わせ持つ価値創造機能通貨（D2）となったのです。この（D2－1）や（D2－2）が経済成長を促す触媒になるのです。

3. （B）（C）にはインフレ効果の思考が抜け落ちているので、貸し借りのレシプロシティが正確には成立していないことになります。換言すれば、通常の簿記帳を見ただけでは、インフレによる「借り手の利益・貸し手の損失」があってもそれを認識することができません。一方、（A）は増刷通貨の存在や影響を、もともと前提とはしておらず、インフレやデフレの起きない経済社会で「完結」してしまっています。

4. 1971年まではドル通貨は価値（GOLD）を内包していましたが、兌換が廃止されてから増刷されるドルからは、価値そのものは分離され、価値の交換・移動・保管などの伝統的機能（D1）と触媒としての価値創造機能（D2）を担うことになりました。この二つの機能が作動する以前の状態での通貨が「価値不帯同通貨」です。つまり、価値不帯同通貨は経済社会の中で使われた後、価値帯同通貨に変質し、社会で既に価値を帯同している（価値の裏付けがなされている）価値帯同通貨へと合流するのです。しかし、もし（D2）による経済成長が生まれぬ場合は「インフレ効果」は価値帯同通貨に内包されたまま留まることになります。

以上から次のようなことが言えると思います。MMT派は簿記にはインフレ効果を自動的にくみ込むことはできない構造になっていることに思考を巡らせていないので、MMT派の人が言うように「簿記がわかればMMTがわかる」ことにはならないのです。「国債を増発していくと国民の資産がそれだけ増える。民間貯蓄が増えると日銀雨宮副総裁は国会で答えたとMMT派は評価している」と言いましたが、これは新たに増発された通貨を資産、つまり価値帯同（内包）通貨であり商品貨幣説に則っているがゆえの誤った発想だと思います。1971年の兌換廃止に伴い、増刷通貨は資産ではなく機能（道具）に変質したのです。それにも係わらずMMT派を含め世界中が機能（道具）を資産とみなして簿記に記帳する「トリック」からいまだ抜け出せずにいます。同じ現象は（B）にも観ることができます。理由を端的に言えば国家が増刷する通貨は、イングランド銀行が開陳したような民間銀行の融資行為に伴う信用創造と同様に、1971年以降は「価値不帯同」通貨に変質しているのです。簿記とは価値の変遷をたどるための「記録帳」であり、ここに価値不帯同通貨の如き「機能（道具）」が入り込む余地はありません。ですから財政規律重視派とMMT学者による積極財政重視派の「論争」は、簿記に記帳が許される「債務などの価値量」に関する論争とは無関係な議論なのです。要するにMMTは会計学との接点に於いて、信用貨幣説ではなく商品貨幣説論者になってしまうのです。

4.【内生的貨幣供給理論が顕在化した現代資本主義の姿】

岸田元総理の「新しい資本主義」論をきっかけに、巷ではイデオロギーの混在した資本主義論が見受けられるようになりました。そこで「資本主義論」をメカニズムの観点から論じてみたいと思います。

1．シュンペーターによれば資本主義とは、1．物理的生産手段の私有、2．私的利益・損失の責任、3．民間銀行による決済手段の創造、の3点であると『変異する資本主義』（中野剛志著ダイヤモンド社）に書かれている。しかし、私の唱える複式簿記的思考回路からすれば、資本主義のメカニズムの「社会的」解釈はもっと流動的であると考えます。

2. 現代に於ける資本主義とは、貨幣循環論の「需要が貨幣を生む」という理論から変質・乖離し、民間銀行の融資を受けることのできる人たちが、そうではない立場の人たちの有する「価値」を、通貨という道具を以って「侵食」し、さらなる富を得ようと「画策」するに「適した」システムに変えてしまったと解釈する人が非常に多い社会であると言えましょう。換言すれば、融資を受けることが可能な人たちはそうでない人たちが存在すればこそ、需要創出のベクトルが市場で醸し出され、それを以って貨幣を生むというメカニズムを稼働させるようになった。すなわち「富裕層に大きなメリットをさらに付与するシステムになってしまった」のです。

3. 当初の資本主義システムを具体的に支えてきた（=正当化してきた）のは、「ロゴス経済学」が共通して唱える（願望を貨幣と同等化する）「内生的貨幣供給理論」であり、これがニクソン・ショック以来、民間銀行の融資行為に留まらず、国家もこの理論を準用することになったということです。つまり、資本主義に組み込まれている「内生的貨幣供給理論」は、一方では国民の困窮を救済し、多くの人たちの暮らしを豊かにすると「普遍性の装い」を全面に出しながらその存在を確固としてきました。しかし、他方で経済が拡大し市場が限定地域に限られる時期を過ぎ、国家さえも凌ぐ市場が専らとなるに従い、実態は「国家が通貨増発という手段を以って国民の持つ価値を『希釈（価値の抜き取り）』しつつ（またはそうすることで）富裕層をしてさらなる富を得ることが容易となるメカニズムに変質されてしまったのだということです。元来、内生的貨幣供給理論は人間社会の商業的発展に伴って、自然に生み出されたものであり、それは意図的なものではなかったはずです。しかし、産業社会の発展など、社会が大きく変化するにしたがい、この変化は［定理］のごとくしっかりと資本主義経済圏に根を張ることになりました。

4．この内生的貨幣供給理論の「不都合」が見過ごされてきた原因は、経済学全体の枠組みがロゴスの世界でのみ構築されてきて、フイシスの世界が組み込まれてこなかったことにあり、それは、すなわち「価値イコール通貨」という大前提に理論のすべてが従ってきたからだと思われます。本書は資本主義の善悪を述べているのではありません。ただ資本主義制度の究極の骨組みを、思考の達人たちの所見をお借りしてみたら、まことに資本主義とは人間の生物学的特徴を巧みに生かし、それゆえ人類社会を大きく育ててきたのですが、同時に、時としては国民に大なる経済的損失を与えてしまう制度であるということです。

２０２３年４月11日　通巻７７０３号（真に人間が把握したがっていることは価値であり、通貨ではない）

1．以下は新刊『トッド人類史入門』（エマニュエル・トッド著　文藝春秋）からの抜粋です。「GDPでは真の経済力は測れない。ロシアのGDPは、スペインのGDPほどの規模にすぎない、……戦争は、政治・経済のリトマス試験紙であり、さまざまな真実が暴かれる。ロシアとベラルーシのGDPの合計は、米国、英語圏諸国、ヨーロッパ大陸諸国、日本、韓国のGDPの総額のわずか3・3％。ではなぜこの微々たるGDPで、ロシアはミサイルを生産し続けられるのか。問題はGDPがもはや生産力を測る尺度として効力を失っていることにある。米国のGDPの総額から、『あまりに高額な医療費の半分・弁護士の活動によって『生み出される』と言われている富・世界一の収容人数を誇る刑務所二万五千人～二万人・平均年収12万ドルのエコノミストたちの『成果』といった定義が曖昧なサービス部門のGDPを差し引けば、GDPのかなりの部分が『水蒸気』でしかないことが判明する。戦争が明らかにする真の経済力は「国家の真の豊かさ」、「生産能力」、「戦争を継続する能力」を分からせてくれる。2014年、ロシアに対して最初の大規模な経済制裁を科した2014年から2020年までに、ロシアの小麦生産量は、4千万トンから9千万トンに増え、1980年～2020年の間に、米国の小麦生産量は、8千万トン～4千万トンに減少。ロシアは、原発の最大の輸出国になった。2007年の時点で、米国は「戦略的敵国であるロシアの核は壊滅状態にあり、米国はまもなくロシアに対して先制攻撃能力を手にすることになり、ロシアは決して反撃できないであろう」とアメリカは述べた。しかし現在、ロシアの方が核の優位性を保っている。」

2．「経済成長＝GDP増＝所得増＝消費増」と経済学書には書いてあります。でもそれが通用する世界は終わりつつあるとの認識を持たねばならないと私は思います。なぜならGDPは「GDPとして通貨表記を許された（限定的）価値」だけを通貨・貨幣にて代替表記させていて、真に人類が求めている「価値」とは大きく乖離してしまっているから。人間が求めているのは通貨・貨幣ではなく価値だ！　ところが、人間は（ほかに手段がないために）「価値の複式簿記」であるべきところを、「通貨・貨幣による複式簿記」を以って同一視し、人類にとっての価値の存在と移動を把握できていると見なしてきました。そして通貨・貨幣で示される数字に翻弄されてしまいました。手段が「立派な目標」になったのです。

3．今月もWILL・HANADA・VOICE・正論・新聞等々の経済記事を読んでみたが、どの経済専門家も上記2に沿った記事ばかり。特にインフレ・デフレ論を財政規律派と積極財政派のそれに重ねると、論旨が双方ともかみ合っていないことや、財政規律派しか知らない記者（質問者）が積極財政を信奉する有力経済学者にインタビューするために記事全体が滅茶苦茶になってしまっている。もちろんその逆もあり、積極財政派の質問者が、財政規律者にインタビューするケースもある。**真に人間が把握したがっていることは価値であり、通貨ではないことを認識するためには、まずインフレ・デフレ論も、せめて欲望的価値と死活的価値に分けて論じるくらいの配慮無くしては、今までのように大手を振って歩いている経済学は語る言葉を失うことになるし、政治・安全保障論議も基軸通貨論も、国際貿易論も成り立たないだろう。**

5.【通貨の債務ではなく、価値の債務を真に背負っているのは国民なのだ】

ＡＡＡ：「国家が国民から『価値』を取り立てているのか？　それとも国民が国家に過大な『価値』要求しているのか？」

人間が集団を組むようになった時、もともとは軍事費はタダであった。自らの命を守るための「コスト論議」は存在し得ず、そこにあるは最大の価値たる「生命保護の貸借関係」であった。国民の国家に対する価値（財やサービス）を要求する「総量」が、その時の国民の国家に対して供与できる価値量より過大である場合は、国家は国民に、今まで以上の「努力＝勤労」を求めねばならなくなっている。つまり、経済力を向上するようもっと頑張れと言っているのであり、結局国民は国家に「価値の債務」を負っていることになる。

仮に国民の国家に対する価値の要求が、その時の国民の国家に対して提供できる価値量より過大である場合は、国家は国民に今まで以上の「栄養ドリンク」となる価値運搬手段を供与することなり、つまり通貨を増発することになる。にもかかわらず、これが達成できない場合（国民の国家に対する期待量が国家の国民に供与できる価値量より大である場合）はその差額分だけ国民は国家に対して価値の債務を背負うことになる。

国定通貨、欽定通貨とは何か？　国民国家の政府が国民に対して、これこれの総額が国家運営（国民国家経済）には必要であるからして、政府はその財政支出額に見合った「働き」ができるよう（国民にとっては重要な道具である）貨幣・通貨を十分用意してあげます。すなわちそれは国民がその通貨量に見合った財やサービスを創造するよう国家が国民に対して努力を強いる〝命令書〟（予算書）となります。換言すれば、国民が国家に求める「価値」とそれを可能せしめるために国民が努力して創造する「価値」を等しくするという仕組みであり、レシプロシティで等しいのです。

BBB：「この人間の世は一つではなく、天然価値と人工価値の世界の二つあるが、マネーにて示される財政赤字と、価値をベースとする〝赤字〟は同じではない」

1．あらゆる生命体はそれぞれに必要な（価値ある）何かを他者から求め、それに等しい（相応しい）何かを放出する（与える）という「代謝」を以って生存する。換言すれば価値のバランスシートに則って生存を図って（測って）いる。ヒトもそもその代謝機能を「正常に」（正しく）実施するためには価値の複式簿記（バランスシート）を必要とする。ところが、「価値量」を把握するために、ほかに適正な方法がないためにやむを得ず価値を貨幣に代替させること、貨幣・通貨によるバランスシートに頼ることになった。しかし、天然価値を人工価値に等しく反映させる（転換させる）ことができず、そこには歪や偏りが生じ、それらがこの世に混乱を齎すことになった。つまり人間が感覚から意識を分離独立させる前までは、それなりの一定の秩序の元で生存することが続いてきた。

2．この世は天然価値からなるフィシスの世界と、人工価値からなるロゴスの世界が存在し、ヒトはこの二つの世界を常に「行き来」し、絶え間なく結び着けようと「もがいて」いる。そして、社会が形成される。経済行為は天然価値の世界（フィシスの世界）を土壌に生まれ増殖した。にもかかわらず旧来の経済学が述べていることは人工価値の世界に生まれ育ち、構築されたという前提だけを以って書かれている。それゆえ、理論的展開や経済現象の究明に当たり、それが人間本来の生物学的世界と連結していない。それを端的に示すのが「価値イコール貨幣・通貨」という前提である。既述のごとく、価値は天然価値と人工価値の二つから成り立っているがゆえ、既存の学者や専門家に経済メカニズムをいくら訊いても、その答えは経済の全体像に至ることは期待できない。

3．現代社会の存在目的は何か？　個人の存在目的には誰も介入してはならないというのが、自由主義世界の根幹である。他方、個人の心の中に自然発生的に生じる目的に介入するのが、専制・独裁社会であり、共産主義国もその一形態とされてきた。個人の「目的」と人間の集団の目的は異なる。人間が集団を形成するのは生物学的・社会的必要性がそうさせたのだ。ところが自由主義が組織体までその主張を拡大してきたため、逆に個人の天然価値から生まれる目的への活動プロセスまで制限（介入）するようになった。これが今我々が見る世界である。真に国家が必要とする「目的」までも、個人の自由放任主義を介入させてはならないという態度が、個人の求める価値を成就させぬよう、追い込んでしまったのが現代なのだ。国家は国民が求める価値を達成できるよう努める〝動的活動体〟でなければならない。この目的を達成するために必要な資金を調達するのは、国民の努力の集約、つまり本当の意味の〝国民総生産〟であるはずだ。ところがそれがマイナスになるということは、財政赤字とは国民の国家に対する〝債務〟が生じているということなのである。家計簿をつけているある家庭が、「赤字になった。けしからん。どうにかせよ！」と怒っても、その責任はその家庭にあるのだ。私は『この世のカラクリ＝価値論なきロゴス経済学の限界』と題した拙書で、こう述べました。

「規模の大小にかかわらず、社会の構成員たるもの、その社会でそれなりの責任を各人が担わねば社会は維持できぬものであることは当然のことでしょう。しかし、コストともいえる責任感は社会規模の拡大・複雑化・定着化に伴って徐々に希薄となるモノです。社会の維持のためにはコストが発生しているにも係わらず、コストがかかっていないとか、あたかも〝無料〟である、といった錯覚を災害時を例外として構成員が抱いてしまうからでしょう。例えば、水や空気はもとよりインフラ・自然環境などは、あるのが当たり前となり、コストが実際にはかかっていることを意識しなくなります。すると、当然そこには堆積・累積したコストが放置しかねるほどになってしまい、そのコストをだれが負担するのか、どうやって解決するのかといった具合に「紛争」が起きてしまいます。特にネット社会の進展で、最初は小さな「紛争」であっても急速に拡大する「勢い」を得てしまいがちで、それは、革命や戦争にまで発展してしまうのだと思うのです。これに対して多くの人は「それは飛躍だ」と言われるかもしれません。しかし、**歴史とは、「人間固有の特徴である『感覚と意識が乖離』し、『意識』から派生した『同じ=等しくする』という機能を『人間が進化の過程で獲得した結果生まれたもの』で、『平等な分配』で成り立つ社会体制と『独占』が支配する社会体制のはざまに起きた〝せめぎ合い〟である」と考えるのです。**それは諸々の歴史のカラクリとして繰り返されている〝法則〟のように見えてしまいます。

4. 資本主義とは民間銀行の融資を受けることのできる人たちが、そうでない立場の人たちの価

値を貨幣・通貨という道具を（無断）で使い、または無意識または意識的に〃略奪〃し、さらなる富を得ようとするシステムである。こう述べると読者は、ずいぶん「反体制的というか共産主義的な論調だな～」との印象を持たれることでしょう。でもこの解釈はあくまで資本主義の〃悪い〃部分だけを述べているからであり、この資本主義の人類に対する巨大な〃貢献〃の部分に注目すれば、バランスが取れるはずです。とにかく、もう少し前者の部分をよく観察してみます。すると分かることはこれを支えている根本的理論が「ロゴス経済学が内生的貨幣供給理論」であることが分かり、さらにこの理論がニクソン・ショック以降、民間銀行から国家に応用されるに至り、ＭＭＴの出現もあいまって世界に広がっていったことが分かります。この「内生的貨幣供給理論」の存在を許してきた原因は、経済学が「価値イコール貨幣・通貨」であるという大前提となっているロゴス世界のみで構築されてきて、この世のもう一つ、フィシスの世界が組み込まれてこなかったことにあるのです。繰り返しになりますが、ここでは資本主義の良し悪しを述べているわけではありません。ただ資本主義という制度の究極の骨組みを見つめているだけなのです。

5．「資本主義が人類を豊かにしてきた。資本主義は民間の力の結集だ」という思い込みがある。

しかし、人類を豊かにした真の主体は「組織」であり社会であり、実効ある組織のトップは「国家」であろう。**国家の庇護が資本主義の存続を許容してきた。換言すれば国家こそが人類に多大なる「価値」を創造させてきた。にもかかわらず、民間、就中「資本家」が自分の努力でそれを成就してきたがごとき「普遍性の装い」で真実を包み隠してきたのが人間の歴史なのだろう。**

これらを『ミッション・エコノミー＝国と企業で新しい資本主義を作る時代がやってきた』（マリアナ・マッツカート著　株式会社ニュースピックス）が示している。

「アポロ計画はもとより、冷戦時代のイノヴェーションの多くは、国家の軍事産業の一貫として生まれたというのが実態である。これらの国家による「価値創造努力」の目標に向かって、民間はどれほどの貢献をしてきたのか、しなくてはならないのかを、複式簿記的思考回路を以って国家の財政政策に照らし合わせて考えねばならない。

国の〝借金〟を嘆く前に、「Ask not what the country can do for you, ask what you can do for your country」と国民に投げかけたケネディ大統領の演説がいまでも通用している。そもそも人間は意識なるものを獲得して以来、天然価値をいかにして人工価値に転換させるかに専念してきた。いや、その行為こそが、生命現象であるといった方がよいであろう。その行動自体は全生命体が従っている（福岡伸一氏の）〝動的平衡〟と同じモノなのだ。代謝の形態、すなわち〝出〟と〝入〟を等しくするということ。この生命体の「定理」に従えば国家が国民の要求する事、すなわち「価値」を実行するために、国民が国家にそれをなしうるだけの「価値」を等しく提供しているかということなのだ。」

以上からも分かるように、民間が創りあげた価値を国家が取り上げ、それを国の運営に使っているのではなく、国家は国家の運営に必要な（国民が要求するところの）「価値」を生み出すことができるよう民間に資本や環境を整備し、それを民間が利用して価値を生み出すようにしているのが実態である。さすれば国家財政の「赤字」を「糾弾」ばかりするのではなく、国民が要求する「価値」についてそれを実現させるだけのコストをカバーできるほどの「価値」を国民が国家に提供できていないと認識せねばなるまい。以上は真に「債務」を負っているのは国家なのか？　それとも国民なのか？　ということ、つまり、国家が国民に「価値」を取り立てているのか？　それとも国民が国家に過大な「価値」を要求しているのか。還元すれば財政赤字とは、国民は国家に価値の債務を負っているということ。しかるに、国民は過大な要求を減らすのか？　もっと働いて、国家に価値を提供しなくてはならないのか？　だ。

2023年1月11日　通巻7585号（税と国債の違いが示すところは「国家は『価値の債権者』であり、『価値の債務者』は国家ではなく国民なのだ）

河野洋平氏が『報道特集』に出演。防衛費倍増、反撃能力の保有など、岸田内閣の防衛政策の転換について「ありえないと思っている」と批判した。麻生元財務大臣は「防衛費増額を税金で賄うことに国民が理解してくれている」と述べたと報じている。

河野氏の発言は放置しても実害は少なかろうが、特に財務大臣・副総裁の要職を占めている麻生氏は現在の世界経済について、相変わらず過去の経済学以外は存在しないかのような発言をしていてその弊害は大きい。そもそも財政赤字の「充当」は増税と国債のどちらでも可能だが問題はその効果が異なること。増税は過去の事例が示すように、景気を悪化させ成長力を阻害し、（新たな栄養という価値を得られない、タコが自分の足を食べているように）結果的に税収を細めて（タコは自身の体力を消耗して）しまう。国債手段は、「充当に終わらず」あくまで成長を促すことが目的であるがゆえ、成長力が起動しない場合（例えばゼロ成長の場合）、は充当は叶わなくなるが、**理論的には国債額相当が社会の価値量に浸透し、赤字額分だけインフレが進行し、通貨価値の逓減で結局は国民は増税分だけ、「増税に応じた」ことと等しくなる。**つまり、結局のところ**増税・国債のどちらも「当面の充当」を果たすことだけを目的に論じるならそれでOKなの**だ。しかし、経済専門家？の麻生氏はここで思考がストップしたままで、全く世界の経済競争の中でのあるべき姿が政治家として欠落している。**先進諸国の「経済学」は、この先に待つ経済成長にどう連結するかを躍起になって説こう（解こう）としている。**つまり、「**価値創造機能貨**

幣論」を以って国家が真に必要とする目的に沿った財政政策を遂行していくという世界の動きの中で、赤字分の充当で「事終われり」ではなく、わが国でも赤字内容の顕在化のお陰で国家・国民が必要とする分野が明確になり、その分野にいかに経済的刺激を与え、さらなる成長を図っているという重大なミッションを財政赤字が指摘していることこそが主題となるべきだ。

以上からわかるように、民間が創りあげた価値を国家が収奪し、それを国家の運営に資しているのではなく、国家はその運営に必要な（国民が求めている）価値を提供できるよう民間に資本や環境を整備し、それを民間が活用して新たな価値を生み出すようにしているのが（民主主義制度下の）国家の実態なのだ。さすれば財政赤字を「糾弾」ばかりするのではなく、国民が要求する「価値」について、それを実現させるだけのコストをカバーできるほどの「価値」を国民が国家に提供できていない状態とは、つまり国家は「価値の債権者」であり、「価値の債務者」は国家ではなく国民なのだ。しかるに国民は国家に対する過大な要求を控えるか、それとも、もっと働いて国家に「価値」を提供できるようにしなければいけないと「財政赤字は叫んでいる」。

6.【金融経済を考える―株と価値の関係＝株価は企業価値なのか？】

AAA：「フィシスの領域である暗黙知で合意できる同士でなければ、ロゴスの世界で合意に達

することはできない」

『思想の免疫力』（K．K．ベストセラーズ）との趣旨を著者の中野剛志氏は次のように言っておられる。

「議論には、前提の共有が必要だという問題は、民主政治の形とも深く関わってきます。民主主義は、どうして国民共同体単位、あるいは地域共同体単位であるのか。なぜ、世界民主主義が存在しないのか。その理由は、もともと、国民共同体なり地域共同体が、同じ価値観を共有している人々の集まりだからです。同じ価値観を日常生活の中で共有している者同士だから、何か問題が起きたときには、共有している価値観の中から合意できる答えを探すことができる。暗黙の共通理解が、文化という形であらかじめ存在して、互いに議論しながら、暗黙の共通理解を探し出していき、それを明示化できたら、それがいわゆるコンセンサスになります。だから、多文化主義があまり行き過ぎた社会では、議論の前提となる価値観が共有されていないから、民主政治をやっても、合意に達しようがないわけです。単に、社会の分断が明らかになるだけでしょう。「多文化共存」移民を急激に受け入れたヨーロッパでは、さまざまな社会問題が生じています。そして、暗黙の共通理と言うのは簡単ですが、暗黙の共通理解がない限り、合意には達しない。そして、暗黙の共通理解というものは、歴史的に時間をかけないと蓄積されず、共有もされない。急に異文化の人たちで集まっても、熟議の民主主義はできない。民主主義が基本的に国家単位であったり、地方自治体単位であって、世界民主主義が不可能であるのは、そういう理由によるものです。」

BBB：これを株式を金融問題として重ねてみると……

価値の定義に不可欠な属性は1．人のフィシス的関与、2．レジティマシー、3．時間（タイミング）4．実質的人工価値が創造されること（銀行融資などを資金とする株式投資は人工価値が創造されていない）である。2．3．4．が欠けて1．だけの株は企業価値とはなりえない。実態経済と金融経済の分断について、金融経済は本当の経済の範疇にはないのではないかとの疑いが、私の頭脳の中では彷徨っています。その理由は……、

1．価値にも「存在時間」があるはずだが、その時間に関する考慮が金融商品には欠けている。

2．価値を価格として社会性を担保し、公的性格の〝濃度〟を高めるためには、レジティマシーが人間社会ではなくてはならないが、株などはそれがほとんど考慮されていない。

3．経済社会は人工価値で成り立っていて、その人工価値はモノやサービスのような具体的存在がなくてはその存在に信用が置けない。金融商品はその生成過程が、ほとんどの人間には確認できない。

4．金融商品は民間銀行からの融資を使って購入されるものが多いが、それは内生的貨幣供給理論がそうであるように、価値を最初から内蔵したものではなく、「価値フリー」商品である。

5．価値とは100％人間の心の中で生まれるものであるが、株式市場などは「数字のマッチング」を行う「工場」となってしまっているがゆえに、もはや「工業製品」とみなすべきで人間の心の中の価値観を今の市場は「ぶつけあう」場でなくなっている。ロボットが決める価値・価格は価値ではない。（これは「生成ＡＩには意識を生ませることができるか否か」という議論に等しい＝**【８２０８】**）

6．「株価イコール企業価値」とよくいわれるが、そんなことを数字で検証しながら株の売買を行っている人はまずいない。「価値イコール貨幣通貨ではない」という経済の原点に戻って考えると、「株価」はあくまで「願望値」であり、経済議論に登場するべきものではない。

7．金融化の何が問題なのか？　建前はさておき、金融行為の目的は貨幣価値の増大であり、企業価値の増大ではないという現実にある。つまり、「価値イコール通貨」と同じことで、「企業価値イコール株価」という普遍性の装いに誤魔化されているのだ。天然価値を人工価値と勝手に同一視することを『投機』という。金融商品の市場価格とは天然価値を人工価値とみなすトリックであり、ウイリアム・ラゾニックの「価値抜き取り制度」ではない。

ＣＣＣ：金融商品は通貨の増刷と同じだ。

1．（自己資金の乏しい）投資家は、

① 民間銀行から融資を受けて、その資金で新株を購入する。
② 株式を発行する企業は、その時点ではまだ価値を創造していないのだから、その株には価値の裏付けが存在していない。つまり、価値不帯同通貨と同じだ。これでは価値を有していないお金で、価値を有していない株式を買うということになる。
これはいったいどういうことなのだろう。

2. 株の売買とは、お金を手にした投資家が価値の増加を願って、つまり天然価値を人工価値とみなして（同一視して）自己増殖を図っている姿である。もっとも、実際に企業が時の経過に沿って価値を生み出しつつあることもあろうが、その実態価値量は、通貨で表示された価値の量に等しく上昇することはめったにあるまい。これはどういうことかというと、株価とは天然価値であるとの前提であり、あたかも価値の移動を伴わないにも関わらず、社会的にはそこに価値が創造されていたとする（内生的貨幣供給理論と同様に）一種のトリックなのだ。

3. 「経済学者は、経済は自動的に均衡状態に回帰すると盲信していたが、そのようなことは起きなかったし、誰も目にしたことはない。」と『老人支配国家日本の危機』（文藝春秋）著者のエマニュエル・トッドは述べている。
市場とは価値と価値が群がり、ぶつかり合った状況で価格が結実される（べき）であり、人のいない市場では単なる「工場」であり、数字と数字がマッチングされる製造工程であるにすぎない。なぜならば、価値なるものはヒトからだけ生まれるからだ。したがい現在の「株式市場」で「形成」される「株価」なるものは価値とは言えない。強いて言えば、財務諸表に記帳できる人工価値ではなく、天然価値である。したがい、天然価値を人工価値と同一視するのは、内生的貨幣供給理論のそれと同質である。

ここで強調したいことは、市場とは人間の行う、人間限定の価値のぶつかりあう場所であり、工場ではない。人間の身体と精神の健全な発露を披歴しあうオリンピックでロボットが参加しているようなものであり、ウイーン・フィルやベルリン・フィルの演奏会に、ロボットの指揮者や演奏家が混じり、ピアノ協奏曲の演奏は、「自動演奏ピアノ」が使われているようなものである。換言すれば今市場と言っているのは、人間とロボットを同一視していることであり、機械で動く工場で「成立」する「価値」は価値ではないのだ。価値は必ず人間が決めることであり、人間が決めることを「排除」したいわゆる金融商品は、工業製品である。人間に密着していない芸術作品は最早価値を持つ芸術品（活動）ではなくただの「物品」なのだ。

「株価は企業価値である、企業価値を示す」という専門家が多い。しかし、企業の資産価値を全部売り払っても、株価に株数をかけても、それは大きく乖離するのが普通だろう。株を購入する人のほとんどは、企業を購入するために株を買うのではない。株価の値上がりを期待して買うのが正直なところであろう。民間銀行は融資業務で、価値の裏付けのない未実現通貨を発行しているように、企業は価値のいまだ裏付けされていない株を発行しているのだ。

4．以上を総括すればいわゆる金融商品の本質は、フィシスの世界に存在する天然価値を、ロゴスの世界の存在する人工価値に（人間の〝努力〟を以って）転換させることなく、資産項目に記帳させるトリック行為である。何らかの価値の可視化ができないものは、人工価値とはみなされず、人工価値でないものは複式簿記には記帳してはならないのだ。

DDD：金融商品の要件はいかなるものか？

1．株式市場を凝視すれば、そこでは人工価値の世界に少人数からなる天然価値を大量に混入させんと意図するベクトルに覆われていることがわかる。ここでの結論から言えば、「株価イコール企業価値ではない」ということになる。なぜならば、価値の属性には「①時間と②レジティマシー、③物理的に存在が確認（認識）できねばならない」などの要件が欠けているからである。

①の価値に関する時間というのは何かといえば、価値というものはいったんそれが生まれれば、永久に存在するわけではなく、一瞬にして「消えてしまうものもあるし、一定期間存在することもあるというように、時間的存在なのである。当たり前のことだが、株価などは今では秒単位で、大きく変動しているにも関わらず、いったん帳簿に記載されるや、帳簿が、たとえ

ば四半期者間、たった一瞬の価格が帳簿全体に使用されていくのである。そもそも価値というものは、それが変化することなく永続的に存在し続けるのではなく、時代背景とか環境とかのタイミングによって、出現したり消失したり、または大小、高低などに伴い変化するものである。要するに価値とは時間概念とは切り離せないものなのである。

②のレジティマシーというのは、いったい誰が決めた価格であるのかの社会的承認のことである。もし限られ、閉鎖的市場で特定の人が決めた価格があたかも市場の承認を得たがごとくして「成立した特別の価格」が公的資産として社会に大きな影響を与えてしまう弊害は、無視できないものとなる。しかるに、それが社会的承認を得た数字であるためには、誰が価格を決めたのかの「納得性のある手続き」が必要なのである。

この誰が決めるのかはことのほか重要で、何も価格の面だけではない。「目的」、何をやるのか、といったこともそれは必要性の順序・度合いであり、それは言い換えれば価値の有無や濃度を決めるということなのだ。この「誰が決めるか」の「追及」こそが、今までの資本主義経済体制では、おろそかにされてきたことこそが大問題なのである。不思議なことに、人類は政治の分野では、「誰が善悪を決めるのか？　誰が国家を統治するのか？　誰が個別案件の良し悪しを決め承認するのか？」などが「主題」であったが、ことが経済分野にまでそれが問われることがあまりないままに経済体制が存在してきた。換言すれば、経済分野で一番の中核は

「価値のありなしや、その大きさ」を誰が決めたものを基準とした経済社会を構築するかの、問題意識が欠落してきたのである。（これは「自分は国家の庇護の対象ではない（なくてもよい）との、認識や主張がほぼ払拭される国民国家が成立するまでは、通用していたのだ。」）

2．株式もさることながら、無形資産というものもその本質は天然価値であり、人工価値ではない。なぜならば無形資産を資産とみなすことは極めて限定された少数の企業人によって、いかなるレジティマシーも得られていないにも関わらず、いったん帳簿に記帳されるや否や、公的な資産となってしまうからである。

7．【主流派経済学の金利・信用創造に関する誤り。そもそも信用創造とは〝信用補強〟などではなく〝価値なき通貨〟を首尾よく経済社会に流しこむための「カモフラージュ的表現」なのだ】

『変異する資本主義』（中野剛志著）に以下のような記述がある。

「主流派マクロ経済学は、自然利子率（均衡実質利子率）という利子率を想定する。自然利子率は、クヌート・ヴィクセルが最初に提唱した概念である。ヴィクセルによれば、自然利子率とは、実物資本の需給を均衡させる水準の利子率である。主流派経済学は、実質利子率を自然利子率と一致するように誘導すれば、完全雇用が達成されるとするのである。サマーズは、この理論に則って、長期停滞においては、自然利子率がゼロ以下に低下したのではないかと論じたのである。だが、このような立論自体、まったくもってナンセンスである。なぜなら、ジョン・スミシンが指摘するように、ヴィクセルは、自然利子率を、貨幣取引を利用することなく、実物資本を実物のまま貸し付けるとした場合の需要と供給の均衡によって決まる利子率であると考えていた。言い換えれば、自然利子率とは、貨幣のない物々交換の世界に存在するとされた架空の実質利子率のことなのである。しかし、人類学者デヴィッド・グレーバーの大著『負債論　貨幣と暴力の5000年』でも論じられているように、そもそも『物々交換経済』などというものは神話に過ぎない。ごく一部でアドホックに行われる物々交換はともかく、物々交換を基盤にして成立する社会というものは、人類の歴史上、存在しなかったし、これからも実現しそうにない。物々交換経済が神話であるならば、自然利子率もまた神話である。」

私の考えはこうです……「金利イコール〝通貨の需給結果〟ではない。金利を決めているのは通貨の量が価値の量に見合わぬ時、つまりインフレかデフレかといった際の、人工価値の世界での通貨の需給問題であるとするのも間違いだ。そもそも利子率は中央銀行が人為的に操作しているではないか。金利を決めているのは、通貨量ではなく、社会の大きな変化に対する社会不安の大きさに大衆の思考が吸い付けられているときに、通貨の信頼性に左右され決まってくるのではないか。要するに金利とはロゴスの世界のメカニズムで決まってくるというのは誤りであり、フィシスの世界から決まってくる」と考えるのです。

■また「信用創造」についての『変異する資本主義』で中野氏は

「……第二に、主流派経済学の金融理論は、『貸付資金説』に立脚している。貸付資金説によれば、銀行は、借り手に貸し付けを行う際、銀行口座に貯蓄された資金を元手にしている。そして、名目利益率は、貸付可能な資金に対する借り手の需要と、貸し手からの貸付資金の供給との均衡、言い換えれば、投資と貯蓄が一致する水準で決まるとされるのである。これに対して、ポスト・ケインズ派が貸付資金説を誤りとしたことは正しい。投資は、貯蓄から独立して決まるとする彼らの意見は正しい。そもそも、銀行は、預金を借り手に貸し出しているのではない。その反対に、借り手に貸し出すことによって、預金を創造する。これが、いわゆる『信用創造』である。要するに、主流派経済学は、信用創造について根本的に誤解していたということである。主流派経済学だけでなく、銀行実務に関する通俗観念もまた、預金を借り手に貸し出しているものと誤解している。こうしたことから、イングランド銀行は、この貸付資金説という根深い誤解を払拭すべく、季刊誌において「商業銀行は、新規の融資を行うことで、銀行預金の形式の貨幣を創造する」という解説を掲載している。ちなみに、我が国の全国銀行協会も、「銀行が貸出を行う際は、貸出先企業Xに現金を交付するのではなく、Xの預金口座に貸出金相当額を入金記帳する。つまり、銀行の貸出の段階で預金は創造される仕組みである」と解説している。

さて、銀行は、信用創造によって、言わば、無から貨幣（預金）を生み出すことができるわけであるから、貸出しに必要なのは、事前の資金ではなく、信用できる借り手の存在だけということになる。すなわち、資金需要があれば、貨幣は銀行によって創造され、供給されるということである。したがって、投資が、先立つ貯蓄に制約されるということはない。その反対に、企業によって行われる投資が、貯蓄をつくるのである。ということは、貯蓄過剰によって利子率が下がるとか、貯蓄不足によって利子率が上がるということはあり得ないということだ。」

と書かれている。

私は「銀行は無から貨幣（預金）を生み出すことができるとは、価値を帯同した道具としての貨幣を生み出すことであり、価値を生み出すことなど不可能である。それが可能なのは神のみである。それをあたかも貨幣イコール価値のようにみなされるようにしてきたことは〝トリック〟なのだ。」という意見に落ち着くのです。つまり、信用創造とは〝信用補強〟などではなく〝価値なき通貨〟を首尾よく経済社会に流しこむための「カモフラージュ的表現」なのです。

8.【現代版インフレ・デフレ論と死活的・欲望的価値論】

2023年2月9日　通巻7627号（ロゴスからだけのインフレ・デフレ論は経済学を毀損している。ハイパーインフレは通貨の過多ではなく、死活的価値の欠乏によって発生する）

経済議論は盛んだ。景気動向に関すればインフレ・デフレ理論が中心となっている。そして、需要∧供給はデフレ、反対はインフレから始まる。でも、いつまで経ってもここから話が始まっては対応策は導き出せないと思う。なぜなら**人間社会はロゴスとフィシスから構成されているのに、需要と供給というロゴスのみで説明を試みているから**。通巻7619号にて、私は現代版の内生的貨幣供給理論を提言したつもりだが、ここでは現代版インフレ・デフレ論を論じてみたい。

(1)　社会を概観すると、社会がそこそこ落ち着いているということは、人間の求める欲望的価値と死活的価値が概ね支障なく、かつバランスよく獲得できる安定して落ち着いた状態の社会といえ、そこでは欲望的価値や死活的価値のそれぞれの需要量が供給量と等しいか多少後者の方が前者より「大」である。つまり、「伝統的経済学」の言葉を借りれば、ややデフレ的状態と言ってもいいかもしれない。

(2)　社会の欲望的価値が「大」に向かい、つまり社会が平和的（パンとサーカス的）状況を経て、熟爛期に向かうと、欲望的価値や死活的価値の「それぞれの需要量は供給量とほぼ等しい」状態から、欲望的価値の需要がますます「大」きい状態となる。つまりデマンドプル・インフレ的となる。この段階での対応処置は金融引き締めで（死活的価値ではなく）欲望的価値を減少させることであろう。この欲望的価値が最終局面に到達するといわゆる「バブル」となり、それは「破裂」する。換言すれば　簿記上における資産価値の暴落現象である。

(3)　これに対し、社会が不安定化し動乱期を経て戦乱期に向かうと、社会の死活的価値が速やかに「大」の方向に動き出す。つまり社会における死活的価値の（必要）需要量は増大するが、供給量は絞られ、その差はいよいよ大きくなる。つまりコストプッシュ・インフレ状態となる。この期に陥ってしまったらとにかく死活的価値の供給を増やさねばならない。この方向性の行き着く先が、ハイパーインフレではないか。たとえ欲望的価値は減少しても死活的状況に陥ることはないが、死活的価値が欠乏すると事は重大となる。つまり簿記的な意味の通貨価値の暴落現象だ。

以上のように旧来の経済学を以ってインフレだデフレだと口角泡を飛ばしあっても、その時の社会や国家の安定度が、欲望的価値や死活的価値の過多や時間的空間の中の位置によって変わってくることを内包した、今の世界情勢に則した「価値論を含んだ現実的な経済論議」に変えていかないと、実効性あるものにならない。「富国強兵」というが食糧・資源・エネルギーなどの死活的価値を「豊富」に有していなければ、いくら（遊びの一種であるゲーム機やソフトのような）欲望的価値でGDPが巨額であっても決して富国強兵と言えないのだ。もっとはっきり言ってしまえば、**（エマニュエル・トッド氏も同趣旨のことを言っているが）「価値イコール通貨」からなる「科学的経済学」でインフレ・デフレを論じても時間の無駄であり、価値（本位）でのインフレ・デフレ論に舵を切らねばならないのだ。**

2023年3月26日　通巻7685号（現代版インフレ・デフレ論＝欲望的価値から死活的価値までの、どの部分がインフレなのかデフレなのかを考察する必要性に経済専門家やマスメディアは気づかなかった）

今の経済専門家の世界ではどのようなメカニズムで経済が動いていると考えているのだろう？と思って新刊『世界インフレの謎』（渡邊努著　講談社現代新書）を読みました。日経新聞が同書をとても良い本だと推奨しているからです。同書は新聞などのマスメディアで報じられている、なんだかわからないことをごちゃごちゃ言っていることとは異なり、著者はまじめにメカニズムの姿を浮き上がらせるように努めている本だと私は感じました。同書の要旨は、**「第一に世界はコストプッシュ・インフレに巻き込まれているが、デマンドプル・インフレのような適切な対応策を持ち合わせていないがため、仕方なく需要を抑えるというデマンドプル・インフレに対する処方箋（つまり金利をあげるなどの）で手探りのままにインフレと闘っている。ところが日本は今まで、そして今もデフレで困っていて効果的な対応策が見つけられないという状況下にあるのだが、ここにコストプッシュ・インフレという経済状況がさらに被さってきてしまって、困り抜いているというのが現状である」**と総括できます。

すなわち、世界は金融政策上ではコストプッシュ・インフレへの対処方法が学問的にいまだ開発されていない上に、日本はインフレとデフレ対策の両方に対処しなくてはならない状況にある（つまり正直なところどうすればよいのかわからない）のだと解説しているのです。

でもこれは何も経済専門家に解説してもらうまでもなく、一般人だって同じことを皮膚感覚で感じ取っていたのではないでしょうか？　それをなんだか分からないような複雑な「経済学的講釈」を披歴してきたのがマスメディアにおける経済専門家の解説であったような気がします。ようするに　インフレ・デフレ論を「物価一本」で論ずることはもはやできぬ世界経済であるにもかかわらず、欲望的価値から死活的価値までのどの部分がインフレなのかデフレなのかを中身まで掘り下げて考察する必要性に経済専門家やマスメディアは気づかなかったということなのでしょう。

2023年8月26日　通巻7881号（「誰も疑いを挟まない前提が、たいてい最も疑わしいのだ―1.」）

現代マクロ経済学の「様子」を知りたくなって「物価理論の第一人者が世界インフレという難問に格闘しながら、真摯に、明快に答える」と帯に紹介されている東大教授が著したA『世界インフレの謎』（渡邊努　講談社新書）と、「終わりなき物価高時代の到来。これまでの財政金融政策を振り返り、大きなスケールで描く大転換後の日本の取るべき策」と紹介されている新刊のB『インフレ・ニッポン』（大塚節雄　日本経済新聞社編集委員・兼論説委員　日本経済新聞出版）を読みました。

「渡邊チャート」で著名な渡邊教授が記したAにはこう書かれています。……

「なぜ物価上昇は止まらないのか？　……実は不吉なニュースでもあります。……経済学者たちが半世紀をかけて築き上げてきた理解によれば、インフレ予想さえ安定させておけばインフレは起こらないはずだったが、インフレは現に起こってしまっている、これをどう理解すればよいかがまだわかっていないのです。……現代の物価理論が想定していないような事態が起こっているのかもしれない。だとすれば事態は深刻です。1970年代の失敗を教訓として発展してきた理論が対象としてきたのは、需要が過度に増大した結果として生じるインフレでした。半世紀をかけて準備してきた処方箋も、そうした需要要因によるインフレに対処するためのものでした。しかし、米国のインフレは労働供給の不足に起因しており、需要ではなく供給によって生じている。供給サイドが原因になって発生するインフレというのは、現代の物価理論の盲点です。この盲点を踏まえて考え直したとき、その帰結はやや不吉なものとなります。もはやそこから目をそらすことを許さない状況となりつつあると言わざるを得ません」

とあります。私は現行マクロ経済学の「様子（＝程度）」は「そんなモノだったのか……」と失礼ながら感じてしまいました。

Bではインフレに関して中央銀行と、いわゆる金融取引関係者や世界中の経済学者たちが実にいろいろな意見を述べ合っていますが、それらが整合性を持った一つのマクロ経済学の収斂されつつある姿を浮かびあがらせているわけでもなく、むしろますます経済論議を混乱に向かって押しやっているのが現状であることをわたしは感じ取りました。**また、かような「経済談義」のほとんどが、マージナルな経済社会変化を刻一刻と曲線の接着線上に異なった予想絵（図）を次から次へと述べ、示し続ける「微分・積分的思考回路の経済談義」**に終始しているように感じてしまったのです。

しかし、「失望」ばかりではありませんでした。これらを読むことで、私なりの「収穫」も得ることができました。それはいままでの経済学が全く当たり前の大前提としてきたことに「異論」を抱くことができたからです。それは、

1. インフレ・デフレの今までの定義（＝需要・供給の大小）、は真のインフレ・デフレの「基盤定義」としては相応しくなく、もっと「より本質を突いた定義」が考えられるのではないか？

2. インフレ・デフレ論に不可欠な通貨の為替レートの今までの（自然に市場で形成されるという）捉え方は大間違いであったのではないか？　為替に纏わる経済学諸説はすっかり書き換えが必要になるのではないか？

という、経済専門家からすれば「ドン・キホーテ的発想」が見えてきたからです。

「誰も疑いを挟まない前提が、たいてい最も疑わしいのだ」と19世紀のフランス人類学者ポール・ブローカという人が言ったそうです。

2023年8月29日　通巻7886号（誰も疑いを挟まない前提が、たいてい最も疑わしいのだ―その2.）（これからの「インフレ・デフレ」論には「死活的価値～欲望的価値」の概念が欠かせない。ハイパー・インフレの端緒は通貨量ではなく、はるかに弾性値の大きい価値量に起因する）

通巻781号で……1．インフレ・デフレの今までの定義（＝需要・供給の大小）、は真のインフレ・デフレの「基盤定義」としては相応しくなく、「より本質を突いた定義」が考えられるべきではないか？　2．インフレ・デフレ論に関しても、為替レートの今までのような（自然に市場で形成されるという）前提での捉え方では、経済学上の諸説を導くことを目的とするには不適切だったのではないか？　従来の為替データを使っての経済学諸説は書き換えが必要になるのではないか？　と申しました。分けて論じることはできぬ1．2．ですが、1．にまず重点を置いて記します。

私は経済学の中心的課題であるインフレ・デフレの本質が旧態依然としていると感じています。例えば……「どんな時にインフレはハイパーインフレになるのか？」と問えば、専門家からは「通貨が多くなりすぎて貨幣に対する信用・信認が失われた時です」といった答えが返ってくるのが専らでしょう。**日本でもほとんどが「通貨（マネー）の多い少ない」を出発点としてインフレ・デフレが語られていて、政治・軍事・経済を包含した国際的なそれぞれの「国情」との兼ね合いの重要性が語られることはまずありません。**

経済学の教科書とは異なり、価値には欲望的価値から根源的（死活的）価値までの幅があり、人間の社会はこの双方の価値量（強さ）の合計が膨張してゆく過程がインフレであり、沈滞・縮

小していく過程がデフレであるというのが私の意見です。インフレでもデフレでもない状態とは、欲望的価値と死活的価値の合計がその時の通貨量に見合っている状態です。今まで世界中のあらゆる学者が唱えてきた「需要>供給」時がインフレ、「需要<供給」時がデフレという理論は、インフレ・デフレの派生的・付随的現象であり、出発点の理論ではないと思うのです。なぜなら「価値イコールマネー」の時代に考えられた「需要・供給理論」に則った学説では、もはや論理的説明ができず、それがかなうのは「価値イコールマネーではない」(というマクロ行動経済学的思考)が出発点になると思うからです。

欲望的価値が膨らんでいく過程は、通常の「インフレの領域」であるものの、根源的な死活的価値が大きくなりだした時こそが、ハイパーインフレの端緒であり、それは食糧・エネルギー資源などが数字で認識できる(目に見える)尋常ではない(縮小)現象が始まった時であり、これならば「信用・信認が失われた時」よりはるかに可視的で、ハイパーインフレの到来も推測(予感?)できます。概ね欲望型価値が膨張する際もインフレが起きますが、それは概ねモデレートなもので、例えば不動産や株などが急騰しても遠からずバブルは破裂し調整されます。しかし、死活的価値の急増(膨張)は、戦争・政治体制や権力の移行による混乱・自然災害・物流(サプライチェーンなど)の遮断・疫病などを原因として起きますから、地域性などの環境や歴史、文化などの違いでその種類と重要度は異なりますし、その時の国際関係の状態によっても自ずから違ってきます。簡単に言ってしまえば、私はコスト・プッシュ・インフレの原因が、極端になった段階にハイパーインフレが発生すると考えるのです。つまり、単に通貨量の過多によりインフレが起きるのではなく、インフレはマネー供給量にくらべればはるかに大小（強弱）への弾性値が高い価値量（強さ）に大きく左右されるのです。また（欲望的価値ＹＫ＋死活的価値ＳＫ）がプラスである状態がインフレ、マイナスであればデフレであり、さらに、このＹＫとＳＫを動かす要因は何か？　と問われれば、それは「実質価値（ＲＥＡＬ価値＝人工価値）ＲＶの存在＋風評（マス・センティメント、つまりは情報と言い換えのできる）ＩＦＭ」と答えましょう。ＲＶは例えば、ウクライナ戦争による食糧やエネルギーの逼迫でしょうし、ＩＦＮの典型は福島原発の処理水の海洋放出を聞いて、中国で食塩の買い占めが民衆の間で広がったことなどでしょう。ＹＫは金利・金融政策でコントロールしやすいはずですが、ＳＫは国際緊張を緩和させる策や、ＲＥＡＬな価値の増産が必要となります。アメリカなどは強国であるがためにインフレの対応策はもっぱら金融政策に終始している（してきた）感じで、日本とはおのずから対処の違いが出てきても当然であるのにかかわらず、「日本の政策は世界のそれから孤立している」とか「出口戦略が必要」などと、マスコミは盛んに叫んでいます。

2023年8月31日　通巻7889号（誰も疑いを挟まない前提が、たいてい最も疑わしいのだ―その3）（通貨価値とは、「どれほど価値を大量に帯同できるか」と「どれほど新たに価値を誘引できるか」の合計からなる）

通巻7460号で（○○様）がネイサン・ルイス氏による「ケインズ氏やフリードマンのマクロ理論」を「ルイス氏は根本的には、通貨の量ではなく、その価値に注目すべきだ」と述べていると紹介してくださいましてからもう一年も経ちましたが、インフレ・デフレ論にもやはり価値論を組み込まねば説明ができないと私はますます意を強くするのです。

岸田元総理は「今の物価高の原因は、国際的に食料と石油などのエネルギー価格が高騰しているのが原因です」と表明しています。これはあたかも「物価高は外国のせいで、国内のせいではない」と彼は言いたいようです。そこには死活的価値対応への無関心や無策は、国家の危機を招くという緊張感・切迫感が感じられません。いま、日本が一番重視すべきは死活的価値物質の確保であり、それはインフレ・デフレ本質論に安全保障という価値論を組み込むことで、より意味あるものになるのです。日本の場合、（第二次世界大戦の）戦後は、もっぱら死活的価値の確保に邁進した時期であり、その後は欲望的価値の増殖が顕著で経済が発展し、死活的価値への関心が薄まってしまったのがその経緯であるといえましょう。豊富な資源と軍事力という死活的価値を有するアメリカは、欲望的価値が濃厚な国家であるが、徐々にそれが昨今の国際情勢から死活的価値の重要性にも直面せざるを得ない状況になってきた。中国は民衆への欲望的価値の増殖で体制の維持を図りつつ、国家の中枢は死活的価値の確保・獲得のため（風評力を含めた）情報力や軍事力増強を第一に「戦狼外交」を邁進しているといえましょう。

価値と通貨の関係はどのようなモノでしょうか？　それはどの程度人間は通貨と価値の両者を同一視してしまうかに左右されるのであって、通貨そのものがイコール価値であるのではない。通貨という運搬手段としての価値は、どれほどの価値をその通貨が帯同（粘着・磁力）できるかを、（経済用語でいえば）通貨価値という表示一本槍でそれを既存の経済学は示しているのであり、それが大きければ大きいほど（＝多ければ多いほど）、その通貨は、新たな価値を獲得（誘因）することができるとしているのです。しかし、ここで「誘因する力」にも国内商品を誘引する力と海外商品を誘引する力（＝グリップの力）があることを直視せねばなりません。なぜならこの両者は「別物」であるからで、（既存経済学のように）一緒くたにしては本質がつかめなくなるからです。

そこで私は次なる「異論」つまり通巻7881・86号にて記しました「2．インフレ・デフレ論に関しても、為替レートの今までのような（自然に市場で形成されるという）前提での捉え方では、経済学上の諸説を導くことを目的とするには不適切だったのではないか？　従来の為替データを使っての経済学諸説は書き換えが必要になるのではないか？」と思います。

【7621】（国家の盛衰を左右する「死活的価値」を扱うCIA的商社の日本版が必要だ）

国防の要諦は1．武力の強化、2．国民の戦う意志の涵養、3．食糧・エネルギーなどの資源確保、4．情報力でしょう。今のマスメディアで報じられていることは、ほとんどが中国などの日本に対する（太陽光発電所の各地への展開や自衛隊基地近くの土地の買収など）「戦争に備えた事前工作」に関し、「それに国家がどう対応するか」といった受け身の記事であり、戦争が始まってしまったらどうするかの議論が抜け落ちています。特に3．についての国家としての準備はほとんど成されていないのではないでしょうか。先般、新刊本の帯に「世界を動かすコモディティー・ビジネスの興亡」「世界のマネー、政治を動かすごく一握りの存在。石油、金属、穀物。世界の資源ビジネスを牛耳り、政治・権力・マネーをも左右する謎に包まれたコモディティー商社。彼らを知らずに世界の政治・経済の本当の世界を語ることはできない。」と紹介されている新刊『The World for Sale』という書籍のことを述べましたが、まさに動乱のさなかに「食糧・エネルギー・資源」の確保のために、世界の国々は「建前や、多岐にわたる国際合意の裏で」その活動をコーディネイトしてきた「ＣＩＡ商社版」とでも言える「コモディティー商社」を通してどのように世界が動いてきたか？　を推測することができます。今進行中のロシア・ウクライナ戦争や米国の対中政策の裏でさぞやダイナミックであるが秘密裡な取引が行われているかを日本もよく学ばねばなりません。動乱時の世界の「行動癖」を知らずして本当の国家経済安全保障体制の構築を果たすことはできませんし、かような実情は、「学者やお役所」からは決して得られません。**私は「生命体である人間を動かすベースとなる「死活的価値を扱い、情報力を備えたＣＩＡ的商社の日本版」を今から組織し、育てておく必要があると思います。**（２０２３年２月５日）

9. 【中国経済とシュンペーター】

『資本主義の預言者たち』に書かれている〝預言〟を中国開放経済体制と重ねるとシュンペーターの預言はすでに通り越していて次なる段階に移行しつつあるように思えます。

つまり、中国ではシュンペーターの〝社会主義の到来〟をすでに通過していて、自由と民主化なき場合は〝中国経済〟は衰退に向かうこと。そして自由主義先進国では〝汚染された資本主義〟からの脱皮に向かって、①所有と経営の分離の再接近が図られ、②共同体意識が再醸成され、③ナショナリズム的性質を含有するＭＭＴ的国家体制を構築する方向性で世界が動き始めるのではないかと思われます。

1.『資本主義の預言者たち』（中野剛志著　角川新書）に述べられているミンスキー、ヴェブレン、ヒルファーディング、ケインズ、シュンペーター等の5人の経済論を中国開放経済体制やMMTを構造論、体制論、制度論の視点から概観してみました。すると中国経済の衰退が資本主義の預言者たちの預言と符合するように思え、かつ所謂自由主義先進国では「経営と所有の再融合」に向かってMMTとの関係を深めるような動きとなると思えたのです。

2.同書には以下の記述があります。

「シュンペーターにとっての資本主義は、純粋に近代的な合理主義に支配された自動メカニズムではなかった。むしろ、資本主義を動かすものは、組織の合理的な計画や計算よりも、企業家の直観、リーダーシップ、そして家族動機である。言い換えれば、資本主義は近代的で合理的でありながら、その基盤は、近代合理主義とは異なる精神や価値観によって支えられているのである。しかし、資本主義が発展していくと、その非合理主義にまで合理主義が及ぶようになる。合理主義的に運営される大規模な官僚制的組織が、非合理主義的な直感や衝動によって動く企業家にとって代わるのである。その結果、資本主義は崩壊し、代わって社会主義という、合理主義が徹底された経済システムが成立する。資本主義とは、非合理主義に支えられた合理化の運動であり、他方、社会主義とは、合理主義そのものである。これがシュンペーターのヴィジョンであった。」

これは要するに所有と経営の分離が進むと、企業の所有者（株主）が経営の現場から離れた部外者であるために、企業の実態が掴めなくなり、金銭的尺度では測れない社会的価値や企業の目的から乖離するとともに、官僚的経営者や組織が企業を運営することになる。そして、企業を育て動かす「血気」やそれを育む共同体的意識が失せていき、資本主義の中核にあるべき精神性が破壊された社会に移行してしまう、と言っているのでしょう。

3．「鄧小平の中国は先進国の外国企業を誘致し、海外資本や技術を自国に招き入れ、急速に発展していった。……中国は国有企業を強化し、国の支援を受けながら生産した製品で、世界の市場を荒らすようになった。中国の国有企業は国からの支援を受けているため、過剰生産によって製品価格が下落して赤字が続いてもつぶれることはない。このように、国のカネと力による支援を受けている中国国有企業と、先進国の企業とでは、競争にならないのだ。しかも、こうして中国国有企業との競争に破れた先進国側の企業を中国が買収し、先進技術を吸収してさらに市場を中国企業が独占発展するという形態が繰り返されてきた。……中国は2001年にWTOに加盟したが、数年後には完全な市場開放を行うとの約束に反し、現在もなお資本移動を規制し、完全な市場開放に至っていない。また、2016年、中国の人民元がIMFのSD

Rの構成通貨に採用されたが、その前提条件として中国は、数年内に為替の完全な自由化と資本移動の完全な自由化を実現することを約束していたが守っていない。先進国は、中国が資本主義経済の一員となって発展すれば、自分たちと同じルールを守り、さらには人権遵守や情報公開といった西側の価値観を共有するようになると期待していたが、中国は強大になればなるほど、自国の人権弾圧や情報統制を強め、資本主義世界を荒らしまわるようになった」。

以上は中国の歩みと現状を述べた『中国大崩壊入門』（渡邉哲也著　徳間書店）の一部ですが、とにかく過剰生産体制で他国の生産を駆逐せんとする戦略、つまり産業の武器化を中国は進めているのです。

4．ここからも分かることですが、中国は資本主義というツールで成長した多くの企業を、国営化など巨大化・官僚化を急速に進めているわけで、巷では国家資本主義などと呼称してはいるものの、中身はシュンペーターが予測した社会主義化に突き進んでいる。つまり、企業の所有権を国家に移し、党員を経営の監視役として投入する等、いよいよ官僚化を強めているのです。これは上記2．に「資本主義は近代的で合理的でありながら、その基盤は、近代合理主義とは異なる精神や価値観によって支えられているのである。しかし、資本主義が発展していくと、その非合理主義にまで合理主義が及ぶようになる。合理主義的に運営される大規模な官僚制的組織が、非合理主義的な直感や衝動によって動く企業家にとって代わるのである。」と記されていることをまさになぞっているのです。

中国のアリババの創業者が引退しましたが、恐らくこの創業者は、同社がますます実質的な所有権を剥奪され経営の自由度を失っていることに彼は「血気」を失ったことを示したいのでしょう。また、ファーウェイは実質的に国家（実際は党）に〝所属〟し、国家の目的に従属した組織とみなされ、それが故に米中衝突の象徴的組織とみなされていますが、同社を実際に取材した私の知人の元大手新聞記者に訊くと、同社の誕生初期の社風は、中国企業にしては極端に〝民間企業風〟であったそうです。それが今ではファーウェイイコール中国とみなされているのです。

5．ヒトも産業も長期的な不確実性の問題を克服するには慣習（伝統・文化・文明）、個人（企業）の能力、動機が必用であり、これらを揃えて育む中核的要素は、家族・集団・組織・国家・民族などの共同体意識であると『資本主義の預言者たち』は解説しています。この共同体意識があってこそヴェブレンの「製造者本能」やケインズの「血気」やシュンペーターの「家族動機」といった〝産業の原動力〟を生むことが可能となり、この原動力を減退せしめた原因こそが5人の預言者たちが指摘した「所有と経営の分離」現象ということなのでしょう。ここから推測されるのは、この現象は自由主義先進国と中国では全く異なった影響を今後のそれぞれの経済体制に及ぼすだろうということです。すなわち、この現象は自由主義先進国にとっては外生的障害であり、治療の余地があるものの、中国にとっては政治体制に遺伝子的・不可分的に組込まれているところの癌の如き内生的障害になるのであり、政治体制を根底から変革しない限り、死活的結末にまで行き着くということなのです。端折って言ってしまえば、「所有と経営の分離」の障害を〝修復〟し、競争意識および活力ある経済体制を維持するためには、所有・経営はもとより国家の全てを握っている一党による統治を、多岐にわたる共同体から構成される国家体制に、遺伝子治療的に変革しない限り成し得ない運命にあるということなのです。

6．自由主義先進国の資本主義はどう変わっていくのでしょう。この問いに対して、5人の答えは、資本主義は本質的に不安定なものであり、経済危機の防止には長期的な取引関係、組織、そして、政府の介入により経済を統御する公的部門の役割を拡大した経済思想が必用であるとの認識を共有していたと『資本主義の預言者たち』には書かれています。そして、

「実際に各国とも、金融危機克服のために、政府支出を拡大し、危機に陥った大企業や金融機関を救済・国有化し、中央銀行をはじめとする公的金融機関は、あらゆる手段を講じ、供給能力の過剰を解消するため、企業や金融機関の買収、合併・提携など、規模の拡大や寡占化に

向けた業界再編が進んだ。更に資本主義は、既に、ヒルファーディングの言った『詐欺の類の社会主義』、あるいはシュンペーターの言った『酸素吸入装置付きの資本主義』に近い状態になりつつあるように見える。政府や公的金融機関の役割がより大きく、長期的な取引慣行や安定的な組織による網の目が張りめぐらされた経済システムが到来しつつあるように思われる」とも書かれています。

これらの変化を私なりに概観・解釈すれば、大きな流れとして、グローバリズムとは反対の保護主義的・ナショナリズム的対応策が動き出しているということになります。また、それはどことなくMMT型の経済体制に平仄が合っていると感じられるのです。なぜならば、MMTはその骨組みからして国家が自己完結的で保護主義的な、つまり〝非合理主義的〟な基盤に立っているハズだからなのです。

7. 通巻8104号（2024年1月24日）で私は「中国の都市部では「新しい（欧米的）封建制が誕生し、農村部では依然としてあの西洋的な封建時代時代が継続（する）している」と以下のように投稿しました。……通巻第8102号「中国の都市化比率は60％を超えて農村の荒廃に拍車　農業人口の激減と農作物の輸入激増、そして食糧輸入国へ」を拝読すると、新刊本『新しい封建制がやってくる―グローバル中流階級への警告』（ジュエル・コトキン著　東洋経済新報社）に書かれているような「（すでに経験済みの）西洋的な封建制ではなく、中国の都市部では「新しい（欧米的）封建制が誕生し、農村部では依然としてあの西洋的な封建時代時代が継続（する）しているような気がしてきます。「アメリカに中世はなかった」とセシル・チェスタートンが喝破しましたので、「アメリでは初めて（格差社会の勝利者に支配される）新しい封建制が生み出され、中国では昔からの封建制の権力を（同じく格差社会の勝利者たる）共産党が引き継いで、そのまま続いているのだ、と言ってもいいのかもしれません。また、旧来的な死活的価値である食糧・資源エネルギーに加え宮崎先生が強調されているように、半導体という新しい死活的価値が今後の世界の様相を決定するとしたら、ますます国家というものはグローバル化とは真逆の「自己完結的に存在を確保できる国家体制」へと向かうのかもしれません。政治的な趨勢としては、特定な政治家が国際関係を（人為的・恣意的に）動かし歴史を紡ぐというよりは、新刊の『穀物の世界史』（スコット・レイノルズ・ネルソン著　日本経済新聞出版）に詳述されているように、結局は「生の人間が有している死活的価値たる食糧・資源エネルギー・半導体」などの地政学的ベクトルが、世界の歴史の深層を今まで以上に語るようになることでしょう。

10.【世界の新基軸―天然価値に国家が介入するこの世になるのだろうか？】

ＡＡＡ：情報介入化社会反対への永い戦いが始まる

お茶の水女子大学の藤原正彦先生はVOICE２０１７．３月号のなかで、次のように言っておられます。

「情報というのは、それぞれが孤立していて、組織化されて、初めて知識になる。情報がつながることが知識であり、さらに知識がつながることが教養なのだ。そして教養がないと大局観が生まれない。大局観がないと人は判断を誤り対症療法しかできない。良く論理的な人は『あの人は頭が良い』なんて言われますが、論理的であるからと言ってそれが正論とは限らず、論理的でも大局観に欠けると誤った判断をしてしまうケースが多い。」

と。つまり、いかに俯瞰的であることが重要であるかということです。そういえば、マキアヴェッリは「人間というものは、往々にして小さな小鳥と同じように行動するものである。つまり眼前の獲物にだけ注意を奪われていて、鷹や鷲が頭上から襲いかかろうとしているのに気がつかない小鳥のように。」（『マキアヴェッリ語録』塩野七生　新潮社）と５００年も前に俯瞰的に物事を考えることの重要性を述べています。

次に来る（すでにきている？）姿はどのようなモノであるかを考えてみたいと思います。私はその潮流は「反・情報介入化世界へ向かうウネリ」だと予想しています。すでに中国では、ITデジタル技術やビッグデータの集積に始まるAI体制を一党独裁の支配体制の強化・維持のために、社会の隅々まで敷き詰めていると頻繁に報道されています。そして、この先にあるものは全国民の一人ひとりの思想内容までを把握・監視し、それに対して強制権力を以って完全かつ永久に国家を支配できる体制を築こうとしていることです。一方、自由民主主義体制国家でも、この「反・情報介入化社会運動」はその兆候を見せつつあります。例えば、自分のパソコン操作の履歴を企業などが誰の許可もないままにビッグデータとして集積かつ取り込みを図り、個人個人の生活行動様式から好み・価値観といった心の中まで強引に立ち入ってきている現実を、人々はすでに敏感に感知し、それに対して強い嫌悪感を抱き始めているからです。これは今まで述べてきた文脈から言えば、天然価値・感覚重視のマインドがその優越性や〝復権〟を求めて動き出すということであり、この潮流は非常に永きにわたって世界に争いを引き起こし、この世の在り様を大々的に変質させるための〝戦場〟となるのではないでしょうか。

BBB：佐伯京都大学名誉教授の書かれた『経済成長至上主義への訣別』の以下文章に心惹かれました。

「シューマッハーはそのことを次のように述べている。「高速の輸送や即時の通信が、自由の新しい地平を切り開くと深くも考えずに信じている人がいるが、彼らの気づいていないのは、こうした技術の発達の破壊的な影響を抑えるために、意識的に政策を実施し、意識して行動しないかぎりは、すべてがひどく脆く、不安定になってしまい、最後には人間の自由も破壊されてしまうかもしれないという点である。」果たしてそこまでして成長至上主義をわれわれはとるべきなのだろうか。私は、必ずしも、成長をストップさせろ、といっているわけではない。ただ、人間の「生」は、「生命」、「自然」、「世界」、「精神」の安定性や健全性に深く依存している、ということを改めて強調したいのである。「世界」に対してプラスに作用する成長もあれば、マイナスに作用する成長もある。「世界」が損なわれれば、われわれの「生」は不安定化し、不確定性にさらされる。それは、いずれ経済成長に対しても負の効果をもたらすであろう。成長至上主義は成長さえ困難にしてしまうだろう。とすれば、成長そのものではなく、成長が奉仕すべき何か大事なものがあるとしなければならない。そのことを見極めなければならない。これは、価値への問いかけであり、それはいっさい経済学のなかからはでてこないのである。必要なのは、経済学ではなく経済に関する哲学もしくは形而上学である。」

つまり佐伯先生は「経済成長至上主義」にたいして批判的思考を巡らせる中から、「価値」というモノに対して特段の意味と関心を人間は払わねばならないと強調されているのです。

CCC：国家主導型資本主義

人工価値があまり存在していなかった共産中国で、鄧小平が社会主義市場経済と称して〝資本主義経済の導入宣言〟を発するやいなや、資本主義陣営は中国に自分たちと同様の資本主義体制が出現するに違いないと捉えました。爾来、その獲得のための諸ベクトルを中国に投入し、心象的な期待心からなる〝人工価値〟が充満するようになりました。そこで中国政府は人工価値の増大に沿う形で巨額の人民元を印刷しました。つまり、〝心象的〟な経済規模が見かけ上巨大化し、「富国強兵国家」がアッという間に出現したのです。それは中国は資本主義国と同じだという風評の塊が人工価値化した国だからであり、その実体が理解されれば人工価値量は激減し、今までの勢いは失せ、経済・軍事大国とは言われなくなりましょう。今はその過程にあるのだと考えられます。

資本主義は（1）保護主義型、（2）自由放任型、（3）国家主導型に大別できるのではないでしょうか。

＊保護主義型：国や一定地域内に於いて概ね経済活動が完結し、そのうえで国際間の調整がなされる。

＊自由放任型：国境をまたいで人・モノ・カネが自由に行き来し、競争原理に〝守られ〟、「グローバル経済社会」に行き着き、国際的寡占企業が競争原理を破壊し、極端な格差を生む。

＊国家主導型：国家に厚く保護された企業の姿を装った「国営企業」が、国家間の双務主義や自由貿易主義をとなえつつも蔑ろにし、競争原理を破壊し、実質的な保護主義を経由して国家社会主義的独裁体制を目指す。これが疑似資本主義国家、中国の戦略と言われています。しかし、トランプ大統領の出現などを機にようやく共産中国の〝疑似資本主義・産業の武器化資本主義〟が露呈し、中国を資本主義国家と同一の行動様式や規範を持つ国家とみなすべきではないと糾弾する声が高まり、心象的な風評で急膨張してきた中国の人工価値は減耗し続けていくと思われます。

このような情勢で今何が起きているのでしょう？　それは人民元がまだ購買力を保持しているうちに、大量に発行された人民元を一刻も早く、外貨や外国優良企業や外国の土地に移し換えているということです。最貧国に国土を担保として借金地獄にさせたりするのも同じ文脈に合いますし、人民元の貨幣価値が減耗してしまったら、新規通貨を発行すればよいだけの話だというのが、徳政令を生み出した彼らの深層心理ではないかと思われます。

DDD：普遍的理念の毀損

①「動物から人間が「離陸」したのは感覚所与から意識が進化の過程で分離したからだ。『同

じにする』という能力はヒトで初めて生まれた。動物はイコール（同一すること）が判らない。動物もヒトも同じように意識を持っている。ただヒトの意識だけが「同じ」という機能を獲得したということだそうです。ヒトは他人の立場に立つことができる。この同じにする機能が様々な社会的システムを創り出している。」（『遺言。』養老孟司　新潮社）

②「最近の研究は奴隷制度廃止運動が成功したのは、奴隷制廃止論者が聖典ではなく、人間の感情移入の能力（つまり『同じにする＝他人の立場に立つことができる』）に希望を託したからだ。歴史上最も重要な変革は（根本的には）政府や法律・経済体制が変わったからではなく、人々が他者へ感情移入した時に起こった」（歴史家アダム・ホックシールドの言葉＝「The wonder box, curious histories of how to live」（ローマン・クルナリック著）

上記の如く、人間は「同じにする」機能に端を発し「他人の立場に立つことができる」という感情移入の能力を有した。つまり、個々の人間の心の中に自然発生的に宿る多岐にわたる天然価値を、他の多くの人たちも共通して懐く〝天然価値に隣接した人工価値〟として認識し、それらを収斂させ、かつ総括することで自由や平等なる理念を歴史の時を経て共有するに至ったのです。そして、この感情移入の能力は、情報通信技術革命の進行するにしたがい、平等という理念が毀損されていき、そのためにも、新たな普遍的理念が必要であるとの認識を生み出すこととなったのだと思います。

ＥＥＥ：情報介入「忌避」社会の出現

天然価値や人工価値は経済分野に限定されたものではありません。自由・平等などは天然価値から生まれ、これが制度化・社会化され自由や平等なる人工価値として定着するに至るプロセスが人類の歴史です。しかし、情報化社会の進展でそれが著しく脅かされる恐れが出てきました。

これに対抗するものが「反・情報介入化世界へ向かうウネリ」です。これは今まで述べてきた文脈から言えば、天然価値・感覚重視のマインドがその優越性や〝復権〟を求めて動き出すということであり、この潮流は非常に永きにわたって世界に争いを引き起こし、この世の在り様を大々的に変質させるための〝戦場〟となりましょう。しかし、これらの現象は特に新しい問題ではなく、誰でも既知感を抱くはずです。それは人間が長い歴史を経て獲得してきた人権思想、つまり自由や平等などという価値観を獲得するための永きにわたる争いと同じものであり、それはまことに皮肉なことです。なぜならば、人間が人間らしく生きるために情報の共有化という武器を以って戦ってきたにも拘わらず、その情報が人間の意図を離れ、逆に人間をガンジガラメに監視し、縛る世界に突き進み始めたからで、これはまさに「この世のからくり」を示す「パラドックス現象」そのものなのです。この戦いはすでに「ＥＵのＧＤＰＲ」という法制度で始まっており、恐らく諸々の制度化・社会化が世界中で構築されていくことでしょう。しかし、中国を除いて。

自由や平等は人類の普遍的価値として位置付けられてきたものの、近代では、それが自由主義陣営と共産主義陣営との対立軸、すなわち東西冷戦として実際は具体化されてきました。これと似たような形で反・情報化社会のウネリは広がっていくに違いありません。つまり、具体的には中国を先頭とする独裁的情報管理社会国家（天然価値に国家が介入する国家）と反・情報管理社会追求国家（天然価値に国家が立ち入ることを禁ずる国家）間の国際紛争という姿を以って「この世」は推移していくことでしょう。私は人間なるモノの定義を「心の中に価値を自然発生的に生み出す生き物」と先に定義したいと申しましたが、「心の中に自然発生的に生み出される」のは天然価値の意味であり、それを人工価値に「社会化」することで、人間は生存を図ってきたのです。そして、歴史上この社会化への障害を排除するために戦い、勝ち取ってきたものが自由・平等などの人権であり、それにこれから新たに加わる戦いが「情報介入の排除」の戦いであると考えているのです。

「この世」では　予期しえぬ戦争や災害などを除けば、世界を覆う国際金融システムの決定的とも言えそうな〝巨大な歪〟を人間は先延ばししながら時を重ねていますが、この「国定通貨の主体者論に絡む国際金融システム」の問題に加えて、もう一つ人類の予期し得るクリティカルな問題として、この「情報介入の忌避・排除」問題が大きな脅威として立ちはだかることになったのです。

11.【格差社会と新しい封建制】

【８０９７】格差社会の勝者による封建制の復活１.（生態系の中で〝正当性付与者〟であろうとする）すべての生命体の代謝運動、人間の（レシプロシティ的）経済活動、そして（正当性付与者の座を争う）人間の歴史も結局は（歴史は繰り返されるというよりむしろ）パラドックス現象の繰り返しが歴史なのだ）。

新刊『新しい封建制がやってくる』（ジュエル・コトキン著　東洋経済新報社）を読み、トランプがアイオワ州で圧勝した報道や貴誌８０９５／96号の○○様や△△様のご意見を重ねると同書の面白さが増してきました。同書の中で解説者の中野剛志氏は以下のように紹介しています。

（抜粋・要約）中世では、宗教が人びとを支配していたが、コトキンの診断によれば、「新しい封建制」において宗教の役割を果たすのは、環境保護主義でありそれが新しい時代の宗教になりつつある。キリスト教は、神に喜ばれる生き方、身の処し方の指針を示したが、環境保護運動は、人びとをより自然と調和した生活に導こうとする」。……ペトラルカが言うように「黄金を積み、紫衣をまとって」多くの司教は贅沢に暮らしていたが、環境保護主義者は、一般市民に質素倹約を押しつけながら、環境保護運動を支持する超富裕層の身勝手な行為に贖宥状を与え、環境成金と呼ばれる連中は他人には消費を控えるよう呼びかけながら、自分たちは炭素クレジットの購入や〔道徳的正しさをアピールする〕美徳シグナリングを示したりで現代版の贖宥状を買っている。これによって、優雅に地球を救えるというわけである。……地球環境危機について話し合う会議に1500機のプライベートジェットが温室効果ガスをまき散らしながらダボスに到着した。著名な気候活動家たちのなかで、豪邸やヨット、山ほどある自家用車を手放すそぶりを見せる者などいない。……支配体制維持には、それを正当化する論理を提供する「正当性付与者」が必要である。中世においては、聖職者がその役割を果たしたが、近代に入り聖職者は、大学教授、科学者、公共知識人などの「有識者」に「正当性付与者」は交代した。コトキンは、これをより広く、教師、コンサルタント、弁護士、政府官僚、医療従事者、ジャーナリスト、芸術家、俳優など、物資的生産以外の仕事に従事する者を含めている。現代社会は専門的知識を要するから民主主義ではうまくいかない。高度な知識を有する「有識者」による支配の方がうまくいく。……しかし、現代の「有識者」が実際に行っているのは、現支配体制を正当化すること。有識者層と寡頭支配層の多くは、貧困の拡大、社会的格差の固定化、階級間の対立といった経済停滞の影響に対処しようとはせず、経済成長よりも「持続可能性」の理想を追求している。中世の聖職者が物質主義に異を唱えたように、インテリたちや企業エリートの一部も、ダイナミックな経済、イノベーション精神、日常生活の改善への取り組みといった考え方それ自体に懐疑的な目を向けている。……彼らは、権威や体制に反抗しているように見えるが、実際のところは「有識者＝支配体制の正当化付与者」の役割を果たしてしまっている。（抜粋終わり）

要するにマスメディアでは「トランプが社会をちゃぶ台返しする」との警告的報道が専らであるが、本当はバイデン政権・民主党は「現在の正当性付与者」の宣伝機関であるとアメリカ輿論の大勢は認識し、トランプに「アメリカをちゃぶ台返ししてくれ！」と叫んでいるように聞こえるのです。（2024．1．19）

【8178】（資本主義の根幹である内生的貨幣供給理は政治倫理審査会・「新しい封建主義」は繋がっているのだ）

通巻8176号でA：「つまり誰も会計学と経済学の齟齬に気づかなかったか、気付いていたものの、黙って居た方が良い理由があった事を示している」と述べ、通巻8177号にてB：政治倫理審査会に関し「実際の人間社会はロゴスではなくロゴス以外つまり暗黙の世界でほとんどが動いている。世界は人工価値で出来上がっていて、それをつくっているのは天然価値世界であり、このロゴスとフィシスの齟齬が人間社会を複雑にしている。」と記しましたが、これらは新刊のC：『新しい封建制がやってくる―グローバル中流階級への警告』（ジョエル・コトキン著　中野剛志解説　東洋経済新報社）に直接的に繋がっているというべきか、実は同じことを述べていると私は思うのです。

同書を最初に読んだ時の印象は……「アメリカ政治は『正統性付与者』としての座席の取り合いであり、今までの『現代聖職者』、そして、現在の『職＝食い扶持』を続けて保有したい『有識者勢力』が正当性の獲得者となっているのだな～」という読後感想でした。このようなことは貴誌８１７５号の○○さまの「ＪＦＫ暗殺」に関するご投稿を拝読すると、その思いを強くさせられました。

今回の印象は……同書は、教養学的分野（歴史・宗教・生命・政治・社会など）の総合的視点から「この世のカラクリ」を解き明かしている書籍であり、同書に書かれている内容と、（かような表現をするのは誠に僭越なことですが）私の一連の経済を切り口にした「この世のカラクリ」論を「並走」させて思いを巡らせてみると、実に平仄が合うような気分になりました。同書の解説者はコトキンの考えをこう紹介しています。

1．現代の都市は階級格差が固定化し停滞する「新しい封建制」に覆われつつある。

2．第二次大戦後の資本主義の繁栄と格差の是正が「克服された」かに思われた階級闘争が、中流階級の没落で再来した。シリコンバレーのホームレス化は甚だしく、階級間格差は固定化しつつあることがわかる。

3. (流行りの)「DXトランスフォーメーション」こそが「新しい封建制」へのトランスフォーメーションの行き着くところと同じではないか。

4. 「グリーン宗教」が現代人を支配し、環境保護運動を支持する超富裕層の偽善ぶりは現代の時代精神を特徴づけている。

5. 現代の「聖職者」となった「有識者」は、実際は自分達の支配体制を正当化することに躍起となっている。

以上から分かるように、コトキンは「グローバル化・コロナ禍・ITなどの寡頭化企業や超富裕層は、資本主義制度を十分に(都合よく)利用して『新しい封建性』を構築してしまった。これを見過ごしていて良いのか」と大局的に説いています。

しかるに私は「都合よく利用された資本主義とはどのようなメカニズムなのか？　具体的にはその(都合よくさせてきた)経済メカニズム上の『元凶』とは何か？　デジタルトランスフォーメーションの行き着くところとは今中国が『驀進中』の国家体制と同じ姿ではないか？」といった具合に、私の関心は重なってくるのですが、その根底にはB：政治倫理審査会に関し「実際の人間社会はロゴスではなくロゴス以外つまり暗黙の世界でほとんどが動いている。世界は人工価値で出来上がっていて、それを創っているのは天然価値世界であり、このロゴスとフィシスの齟齬が人間社会を複雑にしている」があると思うのです。（2024．3．17．）

12．【資源専有・レントが価値を生む時代】

【7854】（金融資本主義とは、無形資産が膨大になりつつある現象を含め、生産・消費が価値を生む時代から資源専有・レントが価値を生む時代への移行期への現象ととらえることができる）

通巻7852号「いまごろアフリカ資源外交を展開したところで重要鉱区は、殆どが中国とロシアが抑えていますが……」を拝読しました。「資源専有R・レントR」が、これまでの「生産P・消費C」が価値を生むという伝統的な経済学とは異なった「所有・専有」が価値を生むという新しい経済学分野（つまり新しい国際政治・経済環境）を生み、それが主流になりつつあることを感じさせてくれました。私見を要約してしまえば……

1．（不安の塊である）人間は（しっかりとした安心できる）価値を常に持ちたがり、それを貨幣・通貨に集中させることに古来努めてきたが、(ニクソン・ショック以来顕著になった)通貨が金兌換を廃止せざるを得なくなると、通貨が『溢れ』(＝つまり債務量も溢れるように見えるようになり)通貨に対する信頼が減退し、徐々に不安感が増幅し、通貨よりましな価値を必死に模索・希求するようになった。

2. 金融商品は貨幣・通貨をより信頼性のおける価値に「見せかける」商品であり、(それはIT技術の進展や社会のネット化に伴い可能となったのであるが)、結果的に通貨が通貨を生むという経済成長策に(都合の良い)理屈(理論)を与えたが、これは価値創造機能貨幣論や内生的貨幣供給理論が、価値がないのに価値を生むという本質にあるのと同様に、「人間の弱み(価値らしき匂いのするものに惹かれる)に付け込んだ(寄り添った)ものとなった。要するに金融資本主義とは、無形資産が膨大になりつつある現象を含め、P・C時代からR・R時代への移行期への現象ととらえることができる。

3. そもそも資源とはあらかじめ定まったものではない。空気や、自然に採取できる食糧はいまの概念からすると資源というより公共物とでもいうべきものであり、人間社会が有用性を意識して認識し活用する段階になってこそ、単なる公共物は資源になる。この端緒がイギリスの「囲い込み」であり、公共物の専有であったはずのものが、その専有することでそれが、価値を有する(生み出す)ことを人は知った。最近の話とすれば、通貨を潤沢に専有した者はそれを株式に投資（変換）することで（取引の交換手段や信用記録の域を脱して）「労働ではなく保有するだけで新たな価値を創造できる」姿が肥大化した。つまり株などの金融商品はP・C時代のそれではなくR・R時代での生き物であり、これをP・C時代の経済学で論じることは、適当ではない。

4．財政均衡派Aは経済学を「価値は生産・消費・市場から得る」ものとするP・Cの系譜であり、財政積極派Bは「価値は資本（資産）から生まれる＝レント」とするR・Rの系譜である。ポランニーの、労働に還元しきれない「人間」、貨幣に還元しきれない「価値」と並んで、土地に還元できない「環境・自然」という3つの〝擬制商品〟に関する段階にこの世が入ったことであり、いわゆる金融資本主義を、その起点をレントから派生したと見なすことで、今までとは違った経済学のストーリーが構築できそうである。

上記はいずれも、「人間の何事も同一視する（等しくしたい）とする生命体の持つ特性」を出発点としていて、内生的貨幣供給理論・価値創造機能貨幣論・株式などの金融商品・公共財・GAFA・CO2などなどの問題は、レント論、コモンズ論、MMTの登場を経て、新しいマクロ経済学の分野に入ったと考えられます。また資源となりうる国際的に定められてきた歴史的既属（帰属）物や公共物をしゃにむに囲い込み、自国の価値として専有することを目的としたR・R

論の先頭を走っているのが今の中国の対外政策であることを、強く示唆しているのだと思います。これらをP・C時代の経済学だけで語ってもその解と意味を見出すことは誰もできますまい。

（2023年8月9日）

13．【分散化社会】

【7446】（死活的価値からみる中国経済体制と同国の電力中央集中供給方式の脆弱性及び、分散型電力供給体制への方向性）

8月29日付けの『産経新聞』にエドワード・ルトワック氏の「世界を解く」という記事が掲載されています。「中国は食糧不足という基本的弱点を持っていて、ペロシ下院議長の台湾訪問でもそうであったように、今の段階では戦争を仕掛けることができない。なぜなら西側からの食糧禁輸を中心とする経済制裁に脆弱であるからだ」と、戦略論からすれば普通のことを指摘しています。だからこそ中国は（食糧補給の面からも）ウクライナがロシアの一部になることにメリットを感じているに相違ありません。これは食糧のみならず根源的価値である鉱物・エネルギー資源も同様だし、人民元を「根源的（＝死活的）価値量が多く含まれた通貨」であるルーブルの「巣」

に托卵するのも同じです。

『ポストコロナ時代の生命哲学』（集英社）で福岡伸一氏は「ガラパゴス諸島で一番感動したのは、生物が人間を恐れていないということです。……その理由として、ガラパゴス諸島には爬虫類と鳥とかすかな昆虫という、限られた生物しか到達できなかったということがあると思います。ガラパゴス諸島には大型の哺乳動物はほとんど到達できなかったので、実はニッチががらがらに空いているんです。大陸ではさまざまな生物が何億年も生きているので、ニッチがせめぎ合って非常に窮屈です。そこに争いが起きているのですが、ガラパゴスの生物たちは基本的に全部草食性で、捕食者はほとんどいませんから、とても長生きできます。そんなふうにニッチが空いているので、ガラパゴスの生物たちはすごく余裕があって、そこに好奇心みたいなものが生まれるのだと思います」と記しておられます。これを読み、私は即座に**今の中国をこれとは逆の姿だと考えればいいかもと思いました。中国は巨大人口を抱え、植物から肉類食糧へ移りつつということが「侵略的姿勢」の根底にあるのかもしれません。**

ところで中国のエネルギーに関しての脆弱性は2種類あるのではないか。ひとつは資源そのものの確保ですが、もう一つは「戦時」における供給システムの脆弱性です。それは「オール電化」

による中央集中（大型）供給方式です。これは戦争相手国にとっては、通信網や地域の動力を破断することは簡単ですから。電力供給体制が国家のすべてを決めることは明白で、これが食料を実際に人間の口にまで運ぶ大本になるからです。ルトワック氏は産経記事で、**「習近平は食糧分野での自国の脆弱性に気付いている」と書いていますが、習近平とルトワック氏の両氏がこれから気づくことは、「電力中央集中供給方式」の脆弱性であり、その解決のために「分散型電力供給体制の構築」であると思います。**今でこそEV車一本やりで中国は突き進んでいるようですが、これからはHV車を使った分散型供給体制の整備を強力に進めると予想します。これは人間という生命体が分散型で動いているし、コンピューターが巨大な統合型から分散型に収斂したことと軌を一にしていると思います。以上は中国に限ったことではありません。

日本も同様です。大型発電所からの電力供給体制はわが国が侵略された際は致命的損害を被りかねず、逆に我が国が中央集中型電力供給体制の侵略国に反撃する際は効果的であること。分散型電力供給体制なら敵の攻撃や大災害に対して耐久力があるのです。しかるに我が国は、国防や災害に対応できる電力供給体制を構築するために、わが国が国の方針として、一番効果的なやり方は「わが国の自動車メーカーは車を製造するだけではなく、HVなどで分散型電力供給体制を構築するための電力会社でもあるのだ」と定義をし直すことだと思います。（2022年8月30日）

14．【脳と経済学の関係】

> 【８１１２】（1番恐ろしいのはグループから追い出されることで、脳はそれを避けるためならどんなことでもする）

最近の日本経済新聞の『私の履歴書』は元財務次官の（均衡財政を説く？）武藤氏でした。彼のような知的エリートの経済学理解のほどに私は違和感を懐くのですが、人間社会ってこの程度のものなのかと、ちょっと厭世的気分というか、社会って案外いい加減なことで成り立っているんだな～という諦めの気分に苛まれます。ひょっとすると自分の考えがどこかで間違いをしているのかもしれないという心配もしばしば顔を出すのですが、再考を重ね反芻してもやはり間違ってはいないはずだと思い直すのです。

一昨日、『メンタル脳』（アンデッシュ・ハンセン著　新潮社）という本を読んだのですが、私なりに頭に残った要点は……「感情と通貨の関係」のことです（カッコ内が私見です）。

1．私たちは生きのびた人たちの子孫である。脳は生きのびること、そして遺伝子が受け継がれることを目的にしていて、それ以外のことは二の次。

2．感情は私たちを行動させるためにある。その役割を果たすためには、感情は消えなくてはいけない（＝通貨は生み出さなければならないし、どこかで消去しなくてはならない）。感情は脳が周囲と身体の中で起きていることをまとめた上でつくる。身体の中からの情報も感情の材料になることは忘れがちだが、身体もまた知覚と同じように脳に（通貨＝価値であるという）シグナルを送っている。

3．脳が私たちに見せる外界のイメージは事実とは限らない。脳はその人に一番役に立つと思うイメージを見せるだけ。それに記憶は変化する（つまり「通貨イコール価値ではない」）。

4．グループに属すことは、どんな時代にも人間にとって身を守る最高の方法だった。だから私たちは常に他人と自分を比べ、ヒエラルキーの中で位置が下がらないように気をつけている。一番恐ろしいのはグループから追い出されることで、脳はそれを避けるためならどんなことでもする（経済学界も派閥から成り立っていて、学者やエコノミストたちはそれぞれの属する「均衡財政・積極財政派閥」から抜け出すことは出来ない）。

以上を総括すると、生物学的な人間の感覚というのは、人間の外の環境と、人間の内面的環境が合体して、いわゆる感覚となると書いてありますが、これを読むと益々「経済学に価値論が無ければ、何もわからない」ことが判ります。（2024年1月31日）

第4部 財政規律派と積極財政派の分岐点を探る

（＝「自国は〝積極策〟を、他国には〝均衡策〟を」が国際政治に於ける生態系の姿だ）

1．民間銀行の融資制度や国債による財政政策などすべては、資本主義の根幹である内生的貨幣供給理論そのものの履行に過ぎず、世界はこの線に沿って進んでいる。それを否とするのが財政健全化派Aであり、是とするのが積極財政派Bである。2022．11．25．【7534】

A：財政健全化派とB：積極財政派は防衛費の増額について、「税金財源論」と「国債発行論」が対立しているようで、どうも岸田総理はA：の策に沿ったシナリオに流されそうだ。政治論議に経済理論がその裏付けになっていない論議は時間の無駄であり、この問題を資本主義経済のメカニズムに沿って辿ってみたい。

①　A：は「〜であるべき論」派、B：は「〜である、〜となる」派であるが、「資本主義のカラクリからするとB：となるのが妥当だろう」というのが本稿の大筋である。なぜなら、資本主義経済のメカニズムは、今までの歴史の中で実行してきた事例をみればA：を否定す

ることで推移してきたからだ。それほど資本主義の「覇権」は「倫理・道徳」より強いのだ。

② 話を早めるためにまず必要なのは以下を肯定的に理解していることが前提となる。

(②－1)　内生的貨幣供給理論を理解していること。具体的には、イングランド銀行の説明**(銀行による貸し出しは、本源的預金による制約を受けずに、借り手の需要に応じて行い、理論的にはいくらでも資金を貸し出すことができる。つまり、銀行の融資活動によって、貨幣が新たに創造される)を了とすること。すなわち銀行は何もない状態(価値が手元に存在していない状態)から、価値を(手品のように＝帳簿に記帳するだけで)創造していることになっていること。**

(②－2)　かつては民間銀行の危機の際も公的資金で救ってはならず、倒産もやむを得ないこととみなされてきた。しかし、いまでは国家が公的資金を注入することも社会全体のためにはやむを得ないというコンセンサスが(モラル・ハザードに目をつぶりつつ)定着してしまったこと。その注入資金を新たな通貨増刷で(実質的に)用意すること(＝国債発行)が奇異ではないということ。**つまり、(価値のないところから価値があるとみなすことを本質とする)内生的貨幣供給理論が銀行危機に適用されるようになったということ。**

(②－3)　経済が飛躍的に拡大し、民間主体から国家主導の経済体制へと世界が変貌しつつある中で、民間銀行ではなく、政府が(財政赤字で)窮地に陥った場合を考えれば、中央銀行券を政府勘定に注入することに違和感はないこと。**民間銀行に信用供与ができるようになった以上、（民間銀行よりはるかに大切な）政府に同じ内生的貨幣供給理論で用意された信用供与で処理するのは当たり前だと思うこと。**

以上からすれば、我々が資本主義経済体制を今後も続ける限り、Ｂ：の選択がなされることになるはずである。仮に、もしこれに反対する人がいたら、私は「あなたはこれからは銀行が危なくなっても、信用供与してはならぬし、コロナ禍で疲弊している観光業界や弱体企業に対する補助金を拠出することも認めてはならないと主張しなくてはならないのですよ」と確認することになります。**要するに民間銀行の融資制度や銀行倒産を防ぐための信用供与、さらには国債による財政政策などすべては、資本主義の根幹である内生的貨幣供給理論そのものの履行にすぎず、世界はこの線に沿って否応なく進んでいるのです。中でも資本主義を最大限「利用」する中国はＢ：を巧みに駆使してこそ軍事大国になれたことを踏まえれば、わが国が本気でこれに対峙するためには、Ｂ：を選択する以外の方法はないのです。**

2. シュンペーターは内生的貨幣供給理論のトリック性に気づいていたのだろうか？

防衛力強化の財源につき、有識者会議が提言案を示したが、「増税を含め」、「幅広い税目で」、「国債発行が前提となることがあってはならない。」などを拾い読めば、有識者全員が半世紀前に学んだ「コペルニクス・ガリレオ以前の天動説に則った経済学・経済思想」で「これから」を語っていることがわかります。

私は通巻７５３４号にて、資本主義の根幹にあるのは「内生的貨幣供給理論」であり、具体的には、民間銀行の融資行為とは（銀行が何もないところから貸出を行い）、お金を借りられる人達だけに与えられた「特典」であり、自己責任を負うべき危機に陥った民間銀行に信用供与を与えることは民間銀行に対する「特典」であるとしました。しかるに財政赤字の政府に、国債により信用供与するのは当然であると述べました。いずれも、個々の経済単位より全体の利益を優越させるために、換言すれば富をさらに増やす能力を有している経済単位に、不平等・不公平・不条理を超えて定着させたものです。これは納得性を整え、歴史的には強者の「力」を以って構築され「普遍性の装い」で強固に護られた制度だと言えます。もっとはっきり言えば「内生的貨幣供給」を認める限り、政府の民間銀行への信用供与も是とせざるを得ないのです。

経済専門家達はシュンペーターの理論に概ね「心酔」しているようで、イノベーションに係ると必ず彼が登場します。しかし、専門家たちは「シュンペーターは資本主義の条件として、民間銀行による信用創造理論を特に重視している」とまでは紹介していますが、**民間銀行に対する信用創造や（財政赤字の）政府勘定に対する信用供与も同じ内生的貨幣供給理論に準拠しているという資本主義の「肝」を、前述の脈略を経て指摘している経済専門家は皆無に近いでしょう。**『MMTは何が間違いなのか』（ジェラルド・A・エプシュタイン著　東洋経済新報社）、や『経済学のどこが問題なのか』（ロバート・スキデルスキー著　名古屋大学出版会）も『経済学の壁―教科書の前提を問う』（前田裕之著　白水社）などにも書かれていませんし、ましてやわが国の健全財政派はもちろん積極財政派にもいません。なお、MMTの主唱者たるケルトン教授の説明さえも、内生的貨幣供給理論をMMTの前提としてはいないようです。

大切なことは、鄧小平が「黒でも白でもネズミを捕る猫が必要」と喝破したように内生的貨幣供給理論の本質を見抜き、これを軍事大国化への「決定的」教科書としているということ。中国共産党の経済専門家は、この肝となる資本主義のメカニズムを強かに理解していて、それが今の軍事・経済大国中国を巧みに、かつ急速に作りあげたのです。それなのにこれに対峙しなければならない有識者や経済専門家は、「中国共産党に学ぶこともせず」あまりにも「無防備」です。

「誰も疑いを挟まない前提が、たいてい最も疑わしい」という言葉を『アンソロ・ヴィジョン』

（ジュリアン・テッド著　日経新聞出版）が紹介しています。「あなたの主張を生み出した原因をのべよ」と私が問われれば、「それは既存の経済思想が『価値イコール通貨』つまり『通貨は価値そのものである』という前提で組み立てられ、それゆえ『貨幣そのものは貨幣が社会に用意された時点で、価値を持っている、価値そのものである』という内生的貨幣供給理論を、『全体の利益を勘案すれば、妥当である』としてきたからだ」と答えます。さらに「この前提は経済上の価値はほとんどが目に見える物的存在に限られてきた社会では何とか通用させることができてきた。しかし、無形資産や知的財産などの非物的価値が社会を席巻してきたためにその『不都合』が隠せなくなってきたからなのだ。」と加えることになります。実は話はここで終わらないのです。話はさらに資本主義の深層に向かいます。それは「価値イコール通貨ではない」のならば貨幣はいったい何なのだ？　という疑問です。そしてこれに答えようとするとＭＭＴの最大の論争点が姿を現わすのです。

３．国債と税の本質、つまり資本主義制度の「トリック性」を中国は利用することで経済成長を成し遂げた……２０２２．12．７．（本稿は投稿しましたが掲載されませんでした。）

「反撃能力の保持　与党間で合意」なるも「財務省は防衛費増額の財源探しに頭を悩ませてい

る」との報道です。しかし、私は積極財政派の意見と結論は似ていても、財政赤字を二者択一の結果「やむを得ない」手段だと言っているのではありません。それは「これからの資本主義世界」からすれば「必然」であり、それに準拠せねば防衛力強化策は徒労に終わることになるからです。それに引き換え、中国は資本主義の「利用価値」を熟知・実行し、「財源探し」をはるかに超えた「積極財政」で日本の「哀れな経済論議」を蹴散らかし、軍事力をさらに高めていくことになるでしょう。わが国の財政均衡派や財政積極派の意見のレベルでは中国にとても太刀打ちできるモノではないのです。

経済専門家の見解は疑問だらけです。なぜなら、実際はその見解には世界の変化が俯瞰的に組み込まれておらず、以下の点を論じなければ、「これからの資本主義世界」は把握不可能だからです。そしてその「肝」となることは「貨幣・通貨は道具・機能であることを議論の出発点とすべき」であり、この肝をしっかりと握ればこそ防衛費財源問題を説くことができるのです。以上は「財政赤字は『財政赤字』ではないのではないか?」ということであり、世界中の（天動説の）経済学者の意見と大きく異なっています。でも、私は「それでも地球は動いている」と呟きたいのです。

①　ニクソンにより金兌換が廃止される以前は価値イコール貨幣・通貨であるとの認識で経済は回っていたが、それ以後は、「内生的貨幣供給理論的な発想から生まれた価値の裏付けのない通貨」を触媒としてヒトに「労働」を促し価値を生み出す経済体制となったこと。MMTの源流はここにあるが、そのことにMMT論者は気づかずにMMTを論じていること。

②　**「貨幣・通貨は価値である」という商品貨幣説以来のコンセンサスが、「貨幣・通貨そのものは元来価値そのものではなく、価値を『乗せ・運ぶ』桝のごとき手段・道具・機能である」と変化したこと。**「価値創造機能」とでもいえる価値を誘引、創造し、運搬するための道具が貨幣・通貨であり、これが内生的貨幣供給理論なのだ。しかるに道具・機能であるからには「国の負債」は（マイナスの）価値ではなく、道具・機能がたとえ多くても問題はない。ただ社会にすでに組み込まれている価値の裏付けのある通貨と混じってしまうとインフレを招くのでそれを避けるために、インフレ率に注意し、その兆候が出た場合は「財政赤字」の増加をストップさせ、適切なタイミングに内生的貨幣供給理論で記帳された手続きの正反対の手続きを経て帳簿上消去すれば済むことである。

③　資本主義の本質は（美しい）自由平等などの倫理的な「普遍性」や政治的な「民主性（制）」に基づいた制度ではなく、さらに豊かになれる人たちへ経済的特典を「抜け駆け」的に付与する狡猾な手段（内生的貨幣供給理論）が内蔵されており、その不平等性をバネにして経済

の成長が図られるという「巧妙な」仕組みである。**つまり、資本主義とは、豊かな社会を創るためには、格差や不平等が必要であることを前提とし、そこに人間の持つ「欲望」をエネルギー源として注入する、（＝労働する）ことで力強く動き出す制度なのだ。**

④ 何十万年もヒトは自然から得られる食糧などをただ与えられるままに生存してきて、それは「労働」と呼べるものではなく「生命維持活動」であった。しかし、ヒトは「自然から受け身で得られる恩恵」（自然価値の採集）以上を得るためには「労働が必要であること」を学んだ。ところがその富をあるレベルまで得ることが可能となるや、「労働」無くしても科学技術や貨幣・通貨の信頼性を維持すれば富は得られて然るべきとの考えが一般化しつつある。

⑤ 金兌換廃止後の資本主義経済は「通貨は価値ではない」をベースに再構築が（コロナ禍のためもあり）急速に進んでいる。だが、それに近いMMT自体は「価値イコール通貨である」を前提としているがゆえ、既存経済学者からの反論に窮している。ヒントとなるのは資本主義の「真髄」を理解し、実行してきたのが軍事・経済大国となった中国であることだ。鄧小平以前は、経済発展に必要な資金などないと言ってよいほどの経済的魅力に乏しい国であった。しかし、中国は自国通貨が価値を十分帯同していると国民に信じさせることに巧みで、価値希薄の通貨を以って急速に経済大国・軍事大国に変えて見せた。極言すれば印刷されたお金で巨大な富を生み出してしまったのだ。中国が富を生み出すカラクリを理解し実現させ

た事実を、わが国の防衛力強化財源への調達策として学ばねば、とてもではないが、「ごまめの歯ぎしり」に終わるだろう。

この世の経済は「通貨イコール価値ではなくなった」ことと「貨幣・通貨を価値あるものと皆がみなす、そのように装い振る舞う」ことを前提として回り始めた。昔のように何か資本（富・価値の塊）が徐々に溜まっていき、その価値の塊というものを足掛かりとして経済が成長するのではない。「ただ、印刷された通貨があり、それを価値あるものだと人に疑う余地もなく信用させ、それに誘引された人間が労働に励めば、経済は成長する」ということ。このことを「真摯」に追求してきたのが鄧小平の市場開放経済であるのだ。

４．財政赤字と債務の関係：内生的貨幣供給理論から「生まれた」所謂「財政赤字」の実態は、「日本国の債務」ではない。……２０２２年12月14日【７５２】

純粋に経済学的論理からすれば、防衛費財源に関する巷の「国債による財政赤字は将来への負担の先送りである」とする説は誤りであり、内生的貨幣供給理論から生まれたいわゆる「財政赤字」の実態は、「日本国の債務ではない」を純粋に理論的に考えてみます。

(1) 内生的貨幣供給理論が生んだ所謂「財政赤字」の最大の問題は中央銀行の政府勘定で「価値を帯同していない通貨を資産項目に記帳」していることにあることは明白です。なぜなら、「価値を帯同していないお札はこの段階では単なる紙に通貨と書いた印刷物であり、価値を帯同してはいないからです。

(2) 通巻7547号で貨幣・通貨は「道具・手段・制度・機能」であって価値ではないことを示しました。この2点を重ねることにより何が示されるのか？……

財政赤字は決して財政赤字ではないし、国の借金ではないことが論理的に明らかになってしまうのです。

例えば、コメという「価値」を作るために、鍬などの農機具（通貨）が必要だとして農機具（この時点ではまだコメは収穫されていない段階なのに）を収穫されたコメとみなして、中央銀行の帳簿には資産計上している（つまり、国が借金している形にしている）ことになります。簿記の原理を熟知している人にとっては「会計学上そんなバカなことがあるものか！」とお思いになる人がほとんどでしょうが、その「特異な扱い」が資本主義経済体制では常態となっている実態を、イングランド銀行が公式に事実であると（躊躇いながら）公表していることは通巻7534号で述べました。MMTの最大の欠点（コメと農機具を同一視している）はこの会計学的「特異性」について「歯切れ良い」説明がなされていないことにあります。ここを「すっきりとさせるため」

には、内生的貨幣供給理論に沿った現行の簿記の記帳方法は（潔く）「誤りとして認める」ことが必要です。（しかし、それをやってしまうと困ったことに現状の資本主義諸国に混乱を来す恐れが生じるので簡単ではありませんが）……。

次善の策として**「現行の会計処理方法を暫定的に容認し、適当なタイミングを計って、その会計処理の反対の会計処理を以って修正を図る方法が考えられます。**

具体的には簿記の右方（貸方）に記帳された金額と同額を左方（借り方）に記帳することで、いわゆる「財政赤字」額を消去（訂正）してしまうという手です。これが（実はこれとて不合理を内包しているのですが）今よく言われる「国の借金を、新たに印刷したお金で帳消し（相殺）する」ということと同じことなのです。こう書くといかにも乱暴なやり方だと思われるかもしれませんが、資本主義経済体制にはこの（必要ではあるが、説明には憚れる不都合な）「特異性」が組み込まれています。実際は価値のいまだ帯同されていないお札を受け取った時点で、借金をしたとみなすことは会計学的にもおかしいのです。

なぜなら、簿記とは本来価値の大小と移動の様子を記載するものであるから価値の無いモノを記帳してはならないはずです。つまり、赤字でもないことを赤字扱いしたことが間違いの元なのですから、その間違いを正すことに多少それが奇異な手段であっても、修正することを躊躇してはならないのです。繰り返しになりますが、具体的な修正方法として「財政赤字部分は内生的貨幣供給理論に沿った簿記記帳方法と逆の手続きを講じれば、全く自然な形で、いわゆる（実際は負債ではない）『負債』を消去することが可能となるのです。

5．猿蟹合戦を教材にして現代版インフレ論を考えると、インフレにはデマンドプルとコストプッシュ型に加え内生的貨幣供給理論から生じるインフレの3ケースがあるとすると理解が深まる……2022．12．14．【7553】

通巻7552号で述べたことは、会計学の専門家でさえも気付いていなかったくらいで、一般人にはとてもわかりにくいはずです。そこで何とか理解を進めるためには別のアプローチが有効です……インフレはA：デマンドプル・インフレとB：コストプッシュ・インフレに分けて論ずることが経済学の常道ですが、これにC：「内生的貨幣供給理論から生じるインフレ」を別個に考え、インフレはこの3種を個別に検証するとわかりやすくなります。すなわち、A：B：のように財政赤字の存在しない状態（部分）でのインフレ率の監視を行い、その過多により通貨量を調整させる。これとはべつに、C：については財政赤字分の価値（コメ）を、果たして生み出しているか否か？　を監視する体制を敷けばよいということです。

寓話で説明を試みます。「猿蟹合戦」で（狡猾な）猿は蟹にもらった「おむすび（価値）」との交換に「柿の実」ではなく、「柿の種（価値を生む元＝道具・手段であり、まだ柿の実という価値にまで育っていない価値不帯同通貨に相当する）」を手渡そうとしました。でも、「おむすび」は、「柿の種」とはもちろんイコールではありません。交換時に猿はおむすびで空腹を満たす「価値」を獲得できても、蟹は柿の種で空腹を満たすことはできないからです。柿の種は柿の実（という価値）を生み出すための元となるもの＝道具・手段であり、時間をかけ、土壌に植え、育て、立派に柿を実らすための「働き＝労力」なき限り、空腹を満たす価値には至らないのです。柿の種は柿の実を作るための一種の道具・手段なのです。

この寓話から学べることは、おむすびと柿の種が交換時には価値としてイコールではないこと、内生的貨幣供給理論やＭＭＴで生まれる増刷通貨（柿の種）は（努力を伴う労働を以ってこそなされる経済成長によって）首尾よく（通常の）価値帯同通貨（柿の実）になりうるものの、ほとんどは廃棄される価値の無いゴミとなるのです。しかるに、これが廃棄されないで、（実際は価値がないという「素性」を隠して）経済社会に放置され、混じり込んでしまうと（経済成長なき限り）インフレを招きます。……この猿蟹合戦を「防衛費財源＝財政赤字」論に照らし合わせてみれば、それを主張する人たちは、おむすびの交換を柿の実ではなく柿の種で済ますことをよしと主張する「猿」に当たります。私たちは、おむすびの交換材料を柿の実ではなく柿の種で代替させる「トリック」を冷静に、そして賢明に見破らなくてはなりません。

内生的貨幣供給理論から捻出された価値不帯同通貨（柿の種）は、実際の価値（目に見える柿の実のように検証が不可欠な防衛力の強化実態）創造活動（柿の種から柿の実を実らせるに至る労働）と結びつき、価値帯同通貨（柿の実）になるまでは簿記の対象ではなく、肝心な価値創造活動の達成度は、C：の部分にてインフレ率に変化なき限り国家の価値が国債発行分だけ増大した証しとして認知されるのであり、財政赤字云々の議論の居場所はこの世に存在しないのです。価値そのものの貸借関係が防衛費財源議論の中では成立しえないのに、わが国ニッポンは「自縄自縛」に陥っています。

6．経済学を勉強する必要があるのは、経済学者に騙されないようにするためである……2
023．3．3．【7658】

イギリスの経済学者のジョーン・ロビンソンは「経済学を勉強する必要があるのは、経済学者に騙されないようにするためである」と言ったそうな。そこで、防衛費財源などの大きな論点である財政規律派と積極財政派の経済学的源流を、「経済学者に騙されぬよう」に探ってみたいと思います。

出発点は「貨幣とは何か」からです。「貨幣の源流は価値そのもの」なのか？　または「貨幣は負債だ」など、既存経済学会では二者択一的議論となっていますが、私はＡ）「貨幣は価値そのものである」とする系譜と、Ｂ）「価値の貸借の記録手段である・価値のありようと、（物理的・時間的）移動などを示すための手段であり・道具であり機能なのだ」という系譜の双方が（既存経済学のように二者択一でなく）貨幣には共存するとします。そして、系譜Ａ）は財政規律派で他方の系譜であり、Ｂ）が積極財政派の源流・ルーツであったと考えます。

さらに歴史的変遷からすると、系譜Ａ）は「価値帯同率の逓減の歴史」であり、これは商品貨幣説の中身をみればわかります。また系譜Ｂ）は「諸機能、特に価値創造機能の増強に向けた歴史」であり、金融資本主義のように隆盛期への道程」となります。つまり、「価値あるものとみなす（同一化）機能（＝ヒトだけが有する生物学的特徴）を以って富を最大視化する」ことに信用貨幣論やＭＭＴを経て繋がります。要するに経済学はＡとＢの閲ぎあいなのです。

以上のように貨幣の本質論と貨幣発生以来の歴史（経済的環境）の変遷を踏まえたルーツを辿る思考回路が、経済専門家やマスメディアにおける発言には欠落しているために、財政規律派と積極財政派の意見が平行線を辿ることの原因となっていると思います。

7．人間の脳の思考原理は「設計的」であるのに対し、生命本来の構造原理は「発生的」である。設計的＝～であるべき論が「財政均衡論・健全財政論」の系譜であり、発生的＝～である論が積極財政派の系譜である」……2023年5月16日【7748】

新版『動的平衡3』（福岡伸一著　小学館）を読みました。下記A）B）が2017年版の要点で、C）D）が今度の2023年版の新しい視点でした。C）D）ではスティーブ・ジョブスの「直観・運命・人生その他なんでもいいから、いつか点と点が繋がることを信じて進め」と、パスツールの「一見無関係に見えるある点とある点の間に線を引くことができるのは、そこに準備された心があるからだ」を引用し「組織・芸術、森羅万象の謎を生命原理で解く」と総括されています。ただ私は「オヤ!?　この生命原理で解くに相応しい経済学・経済社会を福岡氏は、なぜこの原理で説いていないんだろう？」と思いました。（以下のカッコ内は私の意見・感想です。）

A）　秩序あるものは必ず、秩序が乱れる方向に動く。宇宙の大原則、「エントロピー増大の法則」で、生命体にもエントロピー増大の法則が容赦なく襲いかかり、常に、酸化、変性、老廃物が発生する。これを絶え間なく排除しなければ、新しい秩序を作り出すことができない。そのために絶えず、自らを分解しつつ、再構築するという危ういバランスと流れが必要なのだ。これが生きていること、つまり動的平衡である。（分子生物学上の代謝こそが経済行為に派生した「交換」の原点に当たる。つまり代謝・パラドックス・レシプロシティなどは、分子生物学に留まらず、むしろ経済学は分子生物学の一分野・延長線上にあり、「生命学的経済原論」とでもいえるのではないか？）

B）この世界のあらゆる要素は、互いに連関し、すべてが一対多の関係でつながりあっている。世界にも、身体にも本来、部分はない。部分と呼び、部分として切り出せるものもない。世界のあらゆる因子は、互いに他を律し、あるいは相補している（ここまではアレキサンダー・フンボルトの「生命の網」論を源流としていると私は想像している。）そのやりとりには、ある瞬間だけを捉えてみる供し手と受け手があるように見える。しかしその微分を解き、次の瞬間を見ると原因と結果は逆転しているか、別の平衡を求めて動いている。つまり、この世界には、ほんとうの意味で因果関係と呼ぶべきものもまた存在しない。世界は分けないことにはわからない。しかし、世界は分けてもわからないのである。私たちは確かに今、パラダイム・シフトが必要なのだ。（だからこそ人生という時間・空間により限定される人間は、一定の時間・空間世界を前提にする複式簿記的思考回路を必要としているのだろう。）

C）人間の脳の思考原理があくまで、設計ありきで組み立てていくという意味で「設計的」であるのに対し、生命本来の構築原理はどこまでも、まず発生させてから対応するという意味で「発生的」である。この二つの原理の相克が、時として、私たちを混乱させ、あるいは錯誤に陥らせる。（設計的＝〜であるべき論＝主流派経済学＝財政均衡派＝商品価値説。発生的＝〜となる論、〜である論＝貨幣循環論＝MMT＝信用貨幣説・貨幣／通貨道具説＝価値創造貨幣説＝積極財政派であると整理できそうだ。）

D）ウイルスは、生物と無生物のあいだにただよう奇妙な両義的存在だ。生命を、自己複製を唯一無二の目的とするシステムであると利己的遺伝子論的に定義すれば、宿主から宿主に乗り移って自らのコピーを増やし続けるウイルスは、生命と呼べるが、生命の定義を、絶えず自らを壊しつつ、常に作り変えて、「エントロピー増大の法則」に抗いつつ、あやうい一回性のバランスのうえに立つ動的なシステム、つまり、動的平衡の生命観に立てば、代謝も呼吸も自己破壊もしないウイルスは、生命とは呼べないことになる。ウイルスは、生命発生の初源的なプロトタイプではない。ウイルスは、高等生物が登場したあと、その副次的な派生物として初めて現れた。高等生物の遺伝子の断片がちぎれ、細胞膜の破片に包まれて、宿主細胞から飛び出したものがウイルスの起源である。つまり、ウイルスはもともと私たちの一部だった。（ここから連想させてくれたこと、つまり「一見無関係に見えるある点とある点の間に線を引くことができる」のは（高等社会になってから登場した通貨・金融商品は商品貨幣説のような価値帯同物であり、同時に「価値を有しない」道具・ツールでもあるのだ。つまり貨幣・金融商品＝ウイルスであると言えるとわたしは思う。）

8．個人と個人の間の天然価値の段階の（精神的？）貸借関係は、社会的価値として扱われる前の段階にあるということ。つまり、均衡財政派の源泉は「天然価値世界」にあり、積極財政派のそれは「人工価値世界」にあると言えよう。……2023．5．31．【7774】

①　設計的（A）とは「～であるべき論＝主流派経済学＝財政均衡派＝商品価値説。発生的（B）とは、～となる論、～である論＝貨幣循環論＝MMT＝信用貨幣説・貨幣／通貨道具説＝価値創造貨幣説＝積極財政派だ、と私は整理できそうに思え、同時にウイルスは価値そのもの（＝a）であるとともに、価値とは異なる道具・ツール（＝b）でもあるからして、貨幣をウイルスのように（aプラスb）であると考えれば、両派を合体した新たな経済学を発案できるのではないか。

②　価値は貸借関係から生まれ、そこから貨幣が出現したが、資本主義は「貨幣・通貨を通じ

ての貸借関係が成立したその時を以って、貨幣によって表示可能な（人工）価値の出現とみなす」との〝定義（認識）〟から成り立っている。それゆえ、銀行融資が実行された時点で、融資額は資産として計上され得る。ところが銀行融資に使われた通貨は実際は単に、紙に通貨であると印刷して用意された状態であって、価値などはまだこの時点では帯同されていない（これを私は「名目価値通貨」と名づけたい）。これが内生的貨幣供給理論であるのだが、価値などはまだ帯同されていない〝お金〟（名目価値通貨）を民間銀行は融資した段階で価値あるものとみなして貸し付けている。たしかに価値は貸借関係から生まれ、そこからお金が生まれると言ってもそのお金は紙っぺらにすぎないが、それは価値が帯同されていると見なしている「名目価値通貨」にすぎないということだ。さらに付言すると、個人間の天然価値の段階の（道徳的？）貸借関係は、社会的価値として扱われる前の段階にあるということ。つまり均衡財政派の源泉は「天然価値世界」にあり、積極財政派のそれは「人工価値世界」にあると言えよう。

③　ところが、近・現代の国民の実際のマインドは「国民国家・福祉国家・賃金労働者」化などが「土壌」となって、「お金を稼がねばならないというマインドが定着し、人間は労働を以って必要な何らかの人工価値を創り上げ、それを販売してお金を得てこそ『価値』が生まれる」という〝定義・認識〟にすっかり変化してしまっている。なぜなら、ほとんどの人々は賃金の枠内で家庭をヤリクリせざるを得なくなったからだ。つまり、価値に値するものは

ただ紙に印刷されてできるモノではなく、いったん経済社会で使用された（私の定義である）「実質価値通貨」を得るために人間が汗水たらして働いてこそ生まれるものだということを強く意識する世界になってしまったのです。

以上のように天然価値から人工価値に移るタイミングをどこに設定するか？ について両者は同一ではなく、それが異なったまま今の資本主義経済社会は動いているのです。しかも双方とも、どちらの「定義」にすべきかのレジティマシーを得てはいないままです。この違いこそが積極財政派と財政健全派の分岐点ではないかと私は考えています。具体的には、貨幣・通貨は民間銀行による融資行為と政府の赤字財政でのみ生まれるが、この貨幣・通貨が発行されてまだ価値が帯同されていない初期段階（名目価値通貨の段階）で、財務諸表の資産項目に全額記帳されているのは、aであれbであれ、会計上重大な齟齬がそこに生じていると私は思っているのです。

9. 「財政健全派」は「債務がゼロになる」ように努め、つまり、貸借関係が存在しない（経済活動の存在しない）この世を創るべきだと言っている。……2023．6．2．【7777号】

① 貴誌7774号にて「今も行われている名目価値通貨を資産として記帳する方法は、『実

質価値通貨本位制』のマインドとなっている今の経済環境下では受け入れ難い」とする主張を財政健全化派が抱いているなら、それは一理（一利？）あると述べたつもりです。これが健全財政派がよく言及される「天からお金が降ってくることはあり得ない。税金無くしては国家は動けないし、もしそうであるならだれも働かなくても国家は運営できることになる」の論拠なのです。だからこそ、「名目価値通貨」を「実質（実現）価値通貨」と同様の位置づけを与えているMMTなどは「とんでも理論」だと彼らは言っているのです。**要するに議論の分かれ目は「財政健全派＝実現価値貨幣本位制」、「積極財政派＝名目価値貨幣容認制」なのです。ただし、両派とも会計学の基本から外れていることには気づいておらず、単なる感覚的なものでの主張にすぎません。**

② ところが、両派の分岐点はもう一つあります。それは積極財政派は「貨幣・通貨は債務の返済に伴い同額が消滅する」ことを理解しているが、財政健全派は「（政府・民間を含めた）債務の返済がなされてもこの経済社会にある貨幣・通貨量とは無関係であり、相変わらず残存している」と思っている（らしい）ということです。**そう推測・解釈しないと理論上の整合性が得られないのです。**

難問を解くためには、極論を持ち込み、難問の主体を身近なものに置き換えると理解が進むものですから、この線で論を進めてみます。**仮にこの世を通貨・貨幣が存在しない世の中**

としてイメージすると、「貸借関係こそが貨幣・通貨を生んだ」と主張するのが現在の信用貨幣論のベース理論ですから、そのような世の中では、貸借関係も存在しないことになり、そこでは（人工）価値というものも存在しなくなる、ということになりましょう。なぜならば（人工）価値なるものは貸借関係があってこそ生まれるもの」なのであり、それが「堆積」してこの世の経済社会ができています。でも、いまさら貸借関係もなく、貨幣・通貨も存在しない社会に戻れるはずがありませんし仮に戻ったとしたら、もうそこで経済学も経済活動も必要なくなり、貨幣誕生以前の原始時代に戻るのです。繰り返しとなりますが……、**もし民間銀行の融資のすべてが企業などから返済されるとともに、政府の累積赤字もゼロ状態になると……この世から貨幣はすべて回収され存在しなくなるのです……。**

つまり、デフレの極限状態に向かっているということになり、デフレが極限まで行けば、何しろ貨幣がないのですから経済社会は完全に消滅してしまいますし、そこまで行かずとも、デフレが継続過程においては、経済社会はどんどん縮小していきます。

ここから言えることは、財政健全化とはデフレ邁進化のことであり、債務の返済が進みすぎると、「財政健全化」は成就しますが「デフレ邁進・経済破壊派」と名称の変更を余儀なくされましょう。

生命体である人間にとって、「水」は債務に相当すると言ったらいいと思います。水は絶えずその役目を細胞レベルを含めて体内（経済社会内）で果たし、放出されていきますから、常に水分補給（債務補給）を要し、常に一定量の水（債務）分が体内に残っている必要があるのです。この残量が少ないと水不足（債務不足）で十分な運動・（経済）活動がかなわなくなります。ところが「財政健全派」は「水」は「債務がゼロになる」ように努め、つまり**貸借関係が存在しない（経済活動の存在しない）この世を創るべきだと言っているのです。**

10．人類の生存に係る弊害は、ハイパーインフレよりも債務の際立った縮小のほうが大であろう。なぜなら、債務の誕生・継続的存在なくしては80億人もの人類がこの地球で生きていけるはずがないから……2023．6．3．【7779】

① 通巻7777号にて「債務が無くなると貨幣・通貨も同時に消えてしまい、経済活動は成り立たなくなり、人間は再び原始時代にもどることになる」といった趣旨のことを書きましたが、当たり前のことですが、預金などというものも消えてしまいます。もしそうなれば企業などの財務諸表にあった現金項目や、個人の預金などはいったいどうなるのか？　ですが……最後はそのまま消えてしまい、ゼロになる……ということは、帳簿上は金融資産が消えてしまう？……それでは価値そのものだけが項目なしで存在するのでしょうか？

いやそうでなく、この世に負債が減り続け、通貨・貨幣の存在がゼロに向かうにしたがって、通貨・貨幣を保有している人たちにとっては、この変化は看過できず、通貨・貨幣そのものの必要性が高まり、かつその貨幣通貨の価値が逆に大きくなるはずでしょう。しかし、その動き（変化）を示す方法（機能）は、インフレ・デフレ問題同様、今の複式簿記には存在しないためか、債務の重要性を語り、その「保全」のための政策が論じられることもまずありません。

② 最近新刊の『国家の債務を擁護する―公的債務の世界史』（バリー・アイケングリーン　アスマー・エル＝ガナイニー　ルイ・エステベス　クリス・ジェイムズ・ミッチェナー　岡崎哲二監訳　月谷真紀訳　日本経済新聞社）を読みましたが、人類の歴史は政治面の裏側でいかに「債務」というものが、人間を生存させるために「嫌われながらも貢献」してきたかを痛感させられます。ここまで述べてきたように**債務はいまに限らず人類をまがりなりにも繁栄させるために、とても重要な社会経済的役目を担ってきているのです**。しかし、「では逆に債務は多ければ多いほどいいのか？」ということになりましょうが、それに対する反論、つまり債務過剰の問題点は、すでに健全財政派によって十分に言い尽くされているので、ここであれこれ述べる必要もなさそうです。実は、**私は人類の生存に係る弊害は**「**ハイパーインフレよりも債務の際立った縮小のほうが実は大である**」**と思うのです。なぜなら債務の誕**

生・継続的存在なくしては80億人もの人類が、この地球で生きていけるはずがないからです。ただ言えることは「債務がゼロに向かえば決していいのではなく、過多であってもいけない。要するにバランスの問題なのだ」ということです。

以上のごとく、世界はすでに長い間資本主義体制下にあるためにことを複雑にしている原因は（A）か（B）か、を追求しても現実的には解決できそうにもないということがわかります。しかるに新しい経済学が語るべきことは、通貨・貨幣は価値そのものであるとする商品貨幣説（a）と貸借関係を語る信用貨幣説（b）の双方が包含された、会計学との整合性も含めると同時に、新しい貨幣論（aプラスb）を現代のロゴス経済社会が求めていることに答えることなのです。具体的に私の意見を述べれば、「いまの経済環境からすれば、会計原則と名目価値通貨容認制や実現価値通貨本位制の双方との間には整合性が得られない、と思いつつ、資本主義体制を続行する限り、名目価値通貨容認制をも選択せねばならなくなるだろう。かような両者を融合する経済理論はきっと構築できるはずだ」ということであり、ここに「ウイルスの両義性」は貨幣・通貨論にも大変大きなヒントを与えてくれていることを気づかせてくれるのです。

11．財政規律派と積極財政派の両派が抱える矛盾点……2023．6．8【7785】

「債務はレシプロシティの片方であり、債務がない状態は分子生物学的な、代謝機能がストップした状態に相当し、それは生命維持機能が働いていないという危機的状況といえ、人類の生存と発展には「債務は不可欠」なのだ。なぜなら、債務が減るということは貸借関係が減ることであり、貸借関係が減るということは人間の働く余地（または必要性）が減るということ。仕事がなくなるということ」といった趣旨のことを述べてきました。

本稿ではもう一つの側面を指摘してみたい。それは財政健全派の主張は矛盾しているにも関わらず、健全財政派ばかりか、財政積極派の論客さえもそのことに気が付いていないと思われるからです。

①　財政健全派も積極財政派もイングランド銀行が言うように、民間銀行による融資行為では、銀行は手持ち資金ではなく内生的貨幣供給理論から生み出され、それ自体はまだ価値を帯同していない（紙に印刷されたばかりの）〝名目価値通貨〟で今でも貸付を行っている。それは返済日までに完済されることによって名目価値通貨（相当分）は社会から消されていくので、（天から降ってきたお金）は計算上経済社会に混入することなしに済むことになり、問題はない」と思っているはずだ。つまり、価値なき通貨（名目価値通貨）相当分を（装って）社会に流し込んだ「責任」を、融資を受けた側は実質価値を使って返済し、消去していると して貸借関係は一応平穏に消滅したと考えることにしているのだろう。

②　国が国債経由で〝融資〟を受ける際も、内生的貨幣供給理論で中央銀行が用意した〝名目価値通貨〟を以ってなされる。つまり、（健全財政派のいう）「天から降ってくるお金」（＝名目価値通貨）が実質価値通貨の社会に流しこまれる。これを財政健全派は「誤った行為」であると糾弾している。ところが、同派はなんと、これから生じてしまう国家「債務」の返済を税金でやるべきだと言っているのだ！　**健全財政派なら本来は「（国民が汗水たらして働き、手にした）実質価値通貨（＝真っ当なお金）、つまり税金で（名目価値通貨で固められた）国家債務を返済・消去することは「怪しからんことだ！」と主張すべきであるのに、逆になっているのだ。むしろ理論的には内生的貨幣供給理論を是としていないはずの財政健全派は「正しい処理としては、名目価値通貨の消去は実質価値通貨で行ってはいけない！名目価値通貨で返済すべし」と主張するのが筋なのに、だ。**繰り返しになるが、名目価値通貨を実質価値通貨からなる経済社会に流し込んだ責任を、（実質価値通貨たる）国の税金で掃除する（消去する）などとんでもない仕業だ！　と財政健全派は大声で叫ばねばならない立場なのだ。これを矛盾と言わずして何というのだろう。

③　積極財政派の論客達は、「累積債務はインフレ率の高騰を齎さぬ限り気にする必要はない。なぜなら、政府と国家は一体であるからして、累積赤字の削減は新たに国債の償還を行う借り換えでなされるのが筋である」と説明している。**しかし、私の意見は「政府はいかなる制**

約もない環境下に内生的貨幣供給理論を発動させ、価値ありと見まちがう名目価値通貨を自己の裁量で（大胆にも）創造しているのだから、その反対のこと、すなわち自己の裁量で、貨幣・通貨を消去することに、全く問題はなかろう。しかるに社会に於ける通貨不足を随時監視し、政策上の適切なタイミングに貨幣・通貨を自己の裁量で「消去」させることができる」とすればよいはずなのだ。実際のところ内生的貨幣供給理論には歴史的にもいかなる法的正当性は存在せず、慣習的になんとなく準用されてきているがゆえ、国家・政府が名目価値通貨の創造を行えるなら、単なる「事務手続き」とみなして消去も「遠慮なく」行うことができるはずである。これこそが理に適った累積名目価値通貨の削減策なのだ。よく財務省は「国民一人当たり〇〇円もの借金を背負っている」と喧伝しているが、その〇〇円は価値のいまだ帯同されていない「名目価値」であり、理論的には借金・債務ではないのである。

この世を「設計主義的」世界だけから見てきた人には、以上は乱暴な考えと映るであろう。しかし、福岡伸一氏が喝破されたように「人間の脳の思考原理が設計的（A）であるのに対し、生命本来の構築原理はどこまでも、まず発生させてから対応するという意味で発生的（B）である。」ことや「通貨貨幣はウイルス同様、両義性を保持していること」を示していると私はつくづく思うのです。

12.「国家が（トクヴィルの言う）〝中間団体的組織〟から国民国家的組織に変質した」がために「価値」成立の定義が変質した」。そして、「経営と資本の分離」がインフレを生む。……（2023年6月14日）

両派の分岐点は「近・現代の国民の実際のマインドは国民国家・福祉国家・賃金労働者化などをきっかけとして、人間は労働を以って必要な何らかの人工価値を創り上げ、それを販売してお金を得てこそ『価値』が生まれるという〝認識〟にすっかり変化してしまっている。なぜなら、ほとんどの人々は賃金の枠内で家庭をヤリクリせざるを得なくなったからだ」と私は指摘しました。しかし、この解釈をもっと社会科学的に見てみたいと考え、半年ほど前に発刊された『奇跡の社会科学』（中野剛志著　ＰＨＰ）を読んでみました。同書はマックス・ウェーバー、エドマンド・バーク、トクヴィル、ポランニー、デュケルーム、Ｅ・Ｈ　カー、マキアヴェッリ、ケインズなどが、国家・組織の変遷の中で人間のマインドはどう移り変わってきたかを紹介・解釈し、著者がそれをもとに現代的見解を述べたものです。**結局のところ、「国家が（トクヴィルのいう）〝中間団体的組織〟から国民国家的組織に変質した」がために「価値」成立の定義が変質したこ**とにあると、社会科学は語っているのだと思いました。以下はそこに記されていることで私なりに目を向けたことであり、カッコ内は私の感想です。

①　マックス・ウェーバー：「数値化」がイノベーションを阻害している。効率性を追求した結果、非効率になる逆機能が働く。（これを生物学的観点から見れば、代謝行為におけるパラドックス現象に相当するはずだ……。）

②　エドモンド・パーク：手段の目的化が物事を悪化させる。インクルメンタルな変化が社会を変える。（福岡伸一氏の発生主義と設計主義に相当する……。）

③　トクヴィル：「民主主義的」多数者が危険な世論（専制主義）を創る。（経済界も同じで、経営と資本の分離が経済を大きくし、インフレ問題が大きくなった。平等とは生物学的にも、政治的にも、経済的にも同一化のことだろう。まだ組織とまで言い切ることができない「初期的国家」は、「交換様式」の単なる集合体であったといえよう。トクヴィルのいう、国家的なモノに至る過程にある「中間団体」が、正式な全体を包括する組織としての国民国家に変質したことで価値の定義が変質したと私の主張は言い換えることができよう。）

④　ポランニー：産業革命による機械や設備の進歩自体より、それがもたらした思想の変化が問題である。自動調整的市場＝需要供給が自動的に一致するとする（誤った）思想は、産業革命を以って、経済活動が社会・自然環境に埋め込まれていることを忘れさせ、自然・人間・貨幣を商品化させてしまった。

⑤　E・H　カー：この世の歴史はユートピアリズムとリアリズムのせめぎあいの場であり、

ユートピアリズムはリベラリズムへ変質しつつある。そのせめぎあいの現代的で代表的な武器はプロパガンダである。（しかし実際は、この両リズムの存在を認識（熟知？）し、強かに利用している第3の集団がこの世には存在していて、それがこの世をさらに複雑化させているると私は思う。換言すれば、経済学も社会学も分子生物学的代謝という水源から発しているのだろう。）

以上の中で特に気になったことは「**経営と資本の分離**」です。**私はこの分離が、経営者が「サラリーマン化」し、深刻なリスクを背負う必要がなくなり、それが「安易で、見た目のよい」新規事業に手を広げることができる環境を作ってしまったと思うのです。その結果が経済活性化⬇経済拡大⬇「債務」の拡大⬇インフレにつながり、今の状態を招いているのではな**いでしょうか。この動きに拍車をかけたのが株式市場の拡大です。

直截にいえば、「企業価値を取引する場」ではなく、「インフレをヘッジする機能発揮の場」に変質してしまったとする考えの方が、あれこれそれらしい意味付けをするよりも、本質に近いと思います。

13．財政均衡派・規律派（Ａ）と積極財政派（Ｂ）の双方とも理論的整合性の伴わない矛盾だらけになっている＝その２．……（２０２３年６月26日）【７８１１】

『仕組みがわかる──池上彰のやさしい経済学［令和新版］』（池上　彰　著　テレビ東京報道局　編　日本経済新聞出版　２０２３年６月27日）を読み思わずのけぞってしまいました。なぜならば、彼は民間銀行が融資を行う原資は、民間銀行が民間から集めた預金である、と大間違いを平然と述べているのです。あれほど名が知れ、社会に影響力があり、なんでもご存じの方と思っていた池上氏が、経済学の最も基本的な『信用創造』の意味を誤解されていることがわかり（74ｐ）、しかもそのような基本的な誤りを経済専門の日本経済新聞出版が出版しているのです。

念のために元銀行マンに「池上氏の信用創造」なるものを示し、それが実際に民間銀行で行われてきたのか確認してみましたが、「信用創造とは、イングランド銀行が説いているように預金の有無とは無関係に、つまりたとえ銀行として預金を一銭も預かっていなくても（返済能力があれば）いくらでも融資を行うことが可能（つまり無から有を生み出すことが可能）であり、池上氏のそれは荒唐無稽である。民間銀行は同氏のいう信用創造とは全く異なるところのイングランド銀行の説く〝信用創造〟方式でやっている」との返答でした。以上が示すことは日本における経済論議は救いがたいということです。これがわが国の専門家のレベルであるとすれば、現実に民間銀行が行っている「イングランド銀行が説明した信用創造」に端を発する拙論「財政規律派Aと積極財政派Bの分岐点」を縷々申し述べても、無駄のように思いました。……とは言え、気を取り直してこれまで述べましたことを整理してみたいと思います。

①　名目価値通貨と実質価値通貨という新しい表現（道具）を使ってこそ可能となると思い、これらを以ってA・Bの論旨と矛盾を摘出してみたい。まず、その意味から記します……。

（①－1）　名目価値通貨＝「天から降ってくるマネー」＝民間銀行が融資行為の時に手渡すお金と中央銀行が国債との交換に提供するお金＝価値不帯同通貨

（①－2）　実質価値通貨＝「汗水出して働いてリアルな人工価値を創り上げた時点で誕生するお金」＝実働する経済活動の中で実際に取引で使われたお金＝価値帯同通貨＝実体経済の中にもともとその役目を果たしつつあるお金

（①－3）　貸借関係から、価値の誕生に伴い、貨幣・通貨は民間銀行の融資と国債発行によって両通貨は出現する。つまり、「欽定通貨量＝名目価値通貨量プラス実質価値通貨量」となるが、名目・実質価値通貨量がすべて返済されると、経済社会からは通貨はすべて消失され物々交換の世界になってしまう。

②　財政規律派（健全派）Aの理論と矛盾点

（②－1）　Aの理論的基盤は商品貨幣説にある。つまり、実質価値通貨本位制を唱えている。ということは通貨イコール価値であり、そうであれば民間銀行の融資で社会に流しこまれる融資額は、名目価値通貨であるのだから、Aはそれを糾弾しなければならないが、Aはその存在を問題視していない。問題視しなくてもいいのであれば、国債から生まれた同じ名目価値通貨いわゆる（〝財政赤字〟）をAは問題なしとして認めなくてはならない。しかし実際は「大問題だ！」と叫んでいる。なぜ、片方のみ糾弾するのか？

（②－2）　実質価値通貨本位制を主張しているはずのAはなぜ、名目価値通貨の創造を正当化している（無から有を説く）内生的貨幣供給理論を糾弾しないのか？

（②－3）名目価値通貨からなるいわゆる〝財政赤字〟をAは実質価値通貨である税金で「返済」せよと主張しているが、価値不帯同通貨を価値帯同通貨で返済する（つまり、無を有で返済する）のはおかしいとAは言わねばなるまい。

③　積極財政派Bの主張する理論と矛盾点

（③－1）Bは信用貨幣論を起点とする＝つまり通貨は価値そのものではなく、貸借関係を表する情報・機能であり道具だと見なしている。それなのに簿記記帳に際して現金通貨を実質価値である資産と見なして記帳しているのは、価値と、通貨という道具を混在させていて、会計学上は間違いであろう。

（③－2）また、もともと無から有への価値創造を論じている内生的貨幣供給理論を道具としてBは理論づけるのではなく、商品貨幣説同様に価値としてそれを理論の中に組み込んでいる。これは信用貨幣説全体を棄損することになる。

以上のように「価値＝通貨」を主張するAも、「必ずしも価値＝通貨ではない」を主張するBも双方とも理論的整合性の整わない主張だらけなのです

14．積極財政派が財政規律派の説得に苦労している理由は、自分たちは貨幣・通貨は貸借関係を表す情報（道具・手段）と言っているにもかかわらず、貸借関係は通貨の貸借関係ではなく、価値の貸借関係であることをわかっていないことにある……（2023年7月3日）【7815】

質問1：なぜ、「民間」は民間銀行から融資を受ければ、その借入金相当額を銀行に返済しなくてはならないのか？

答え1：新規事業に民間が失敗した時（＝価値が創造できなかった場合＝名目価値通貨を発行し

たがために国家経済圏に価値の帯同していない通貨が増える）、国民がそのインフレを以って その穴埋めに使われる（国民が負担させられる）ことになる。このような事態を防ぐために、融資を受けた「民間」はなんとしても自己が有していた実体価値通貨を以って返済義務に答えなくてはならない（ただし、融資を受けた人がベニスの商人だったら、実態価値と名目価値の差額は返すべし！　と主張するかもしれない）。

答え2：融資が効果的に使われ、新規事業が成功した場合、名目価値通貨は実体価値通貨に徐々に変質し、最終的には、融資を受けた名目価値通貨は全量が実態価値通貨に代わると同時に、彼らは実体価値通貨を以って借り入れ時の名目価値通貨を返済し、この名目価値通貨を消去することができる。従い国家が融資を受けた者に与えた名目価値通貨が、実体価値通貨に変質したメリットを、国家は受け取ることができる。要するに国家は名目価値通貨を発行することで、インフレリスクを負担する代わりに、その「果実＝価値」を得ることができる仕組み（ディール）なのだ。

質問2：なぜ政府（国家）はいわゆる「財政赤字」相当分を返済しなくてもいいのか？

答え2－1：国債を以って取得した名目価値通貨を効果的に運用できない場合、つまり政府（国家）が価値を創造できなかった状況下では、その分だけ通貨が増えることでインフレとなる。

このインフレ分は国民の負担で補われることになってしまう。つまり、返済は行われずとも、名目価値は既存の実体価値に薄められ、肝心の「価値の貸借関係」は国民の負担により「解消・消去」され「なくなって」しまう。そもそも「貸借関係が価値を生み、通貨が生まれる」ということの核心的意味は、価値の貸借にあり、通貨という道具の貸借ではないのだ（どこかの先生が「負担をしないまま政府支出の便益を享受することは不可能だ」と言っているのは彼にはここ（＝負担がなされていること）が理解・認識できないからなのです）。

答え2－2：所謂「財政赤字」分が効果的に使われ、それに見合った（等しい）価値が創造された場合、名目価値通貨は徐々に実質価値通貨に変質する。つまり、「成長価値」が生み出されたともいえよう。仮に政府国家が、所謂「財政赤字」補填分を「国家の債務であるのだから」として税金などで返済してしまうと、せっかく価値量と通貨量のバランスが取れていたのに、その分だけ実質価値通貨が減少してしまい、デフレ現象を引き起こす。

質問3：もし、成長価値の増大がいわゆる「財政赤字」補填分より、大きくなってしまったらどうなるのか？

答え3－1：国内に価値そのものが過大になり、これが大きなデフレ圧力となる。もし、このデフレ化を放置すると、次なる成長を阻害するがゆえ、これまで以上のいわゆる「財政赤字」政策によって国の（いわゆる）「借金」を増やさねばならなくなる。でも、その次なるいわゆる「財政赤字政策」が失敗すれば、名目価値通貨が実体価値通貨に混入するのでインフレ圧力が作用することになり、止めどもないデフレの増殖は（失敗によって）抑制される。従い、「財政赤字」により生まれる創造価値量（成長価値量）は、「財政赤字額」とほぼ等しい額に収めることが賢明であろう。

そもそも**財政規律派を「積極財政派が説得に苦労している理由は、自分たちは貨幣・通貨は貸借関係を表す情報（道具・手段）と言っているにもかかわらず、貸借関係は通貨の貸借関係ではなく、価値の貸借関係であることをわかっていないことにあるのだ**。つまり、これまでの経済学は「価値論なきロゴス経済学」であったことを財政積極派は認識しないと始まらないはずだ。

15．財政均衡派・健全派Aは「債務の存在が悪である」しかるに「債務をゼロにすべきだ、それが健全である」と固く信じている……（2023年7月10日）【7817】

2023．7．8．付　貴誌「1885兆円に積み上がっていた。中国地方政府の債務救済しない方針ならデフォルト連鎖で銀行が危機を迎えるが……」を拝読して、中国が曲りなりにも

「資本主義経済体制国家」と見なしてあれこれ推測しても答えは出てこないような気がします。以下の諸点に対する私見を（カッコ内）で記します。

① 通貨による貸借関係を以って経済行為の出発点と見なしているか？　つまり貸借関係から通貨は生まれるとみなしているか？（彼らの貸借関係とは、価値の貸借と通貨による貸借を、自国のご都合主義に合わせて使っていることは外交をみれば歴然としている。）

② 債務と債権額は常に且つ永久に等しいか？（そもそもこの大前提が、同国には存在しないままで歴史（歴代王朝）は続いてきた。）

③ 通貨は、銀行による融資行為と、国家予算を赤字補填でする財政支出からなる2方法によってのみ生まれているか？（その時その時の都合にあわせ、「気ままに印刷したり、焼却したりして」通貨量を（政治的に）調整しているのではないか。）

④ すべての債務の返済が完遂されるということは、国内に完全に通貨が存在しない状態になるのだということを認めているか？　等などが全く分からないからです。

私は中国経済を、一般的に認識されている資本主義的経済に沿って語っても、上記4点が不明である限り、予測などしようもないことだと感じます。たぶん中国は共産主義でも資本主義でもなく、「中国独自経済制度」だからなのです。ただ、「地方政府が債務を返済できない」ということは、長期的には同国では持続性のある価値が生み出されていないということになりましょう。

翻って、「財政規律派Aと積極財政派Bの分岐点」を考えますと、両派とも⑤貸借関係は価値ではなく通貨の貸借関係であるとしか頭にない。⑥全く当たり前である「債務額イコール債権額」という考えがない。⑦通貨量は民間銀行の融資額プラス国債残高額であることと、⑧民間銀行への債務返済と、国債残高が返済完遂となればこの世には通貨がゼロになってしまうということ、を分かっていないことが、問題なのです。特にA派は「債務の存在が悪である」、「しかるに、債務をゼロにすべきだ。それが健全である。」と固く信じていて、債務の拡大が現在の経済を活性化させている実態や、⑤の債務と同額の債権が必ず存在し、債務者は国であるがその債権者は誰なのか（要するに国であり国民であること）について考えが至っていないことなのです。これからすればA派の主張はお花畑的であり、「中国独自経済制度マイナス中国人の強かさ」に近いのだと言ってもよいと思います。

16．人間の「手段を目的に置き換えてしまう」陥穽の典型が経済学である。価値を凝視すると価値の種類が見えてくる……（2023年7月14日）【7822】

人間の「手段を目的に置き換えてしまう」陥穽の典型が経済学である。すなわち価値の追求を手段たる貨幣・通貨で行い、目的なる価値の追求がどこかに消え、通貨ばかりを追求してきてしまった。……

これまで両派とも通貨で示される貸借関係で経済が語られていることが問題であると私は指摘し、価値の貸借関係に立脚した経済学が出発点であるべしと述べてきたつもりです。ところが、「ほとんどの経済関係書籍は、この価値という言葉がほとんど使われていないのはなぜか?」の理由はどうやらここにあるようです。本来生命体は自分が必要とする価値を得るために、なにがしかの、自分が必要としなくなったものの他者が必要とするモノを一定の交換比率に従って交換する、つまり「価値」同志を「代謝」することが最終的目的であるはず。それなのに人間の場合はその価値を「把握・獲得する」ために(仕方なく)通貨を使って貸借関係を認識・記憶するようになり、価値の把握という目的が、いつの間にか手段であるはずの通貨にすり替わってしまったのが今の経済学の姿なのだろうと思うのです。……(ただし、このことを熟知している中国を除いて。)

経済関係書籍の中で価値を中心にした論述にほとんど出会うことはありません。まれに「価値」なる言葉に遭遇しても、価値にはいろいろな価値があるとする記述はまずなく「そっけなく」使われているにすぎません。しかし、価値こそが人間が知るべき目的であるならば、それをたった一つの単語で人間の経済行為や社会情勢のすべてを概観することは不可能でしょう。そこで私は（そっけなく使われている）「価値」から、もっと具体的で種類の違う「価値」を見つけ出すことにこだわり、それを現況経済学に重ねたうえで、考察・分解してみることにしました。さすれば価値が種々の重要で異なった意味を少なからず含有していることが表出されるはずと思ったからです。すると嬉しいことに、下記のような「各種の価値」が見えてきて、それが既存の経済学を組み直し、新しい姿を描き出してくれるような気がしてきたのです。

①　価値の存在する場所はどこか？　……天然価値の世界と人工価値の世界（通貨だけの経済学から通貨だけでない経済学に脱皮できる。）

②　価値の質的時間的変化はないのか？　……死活的価値と欲望的価値（単純な需要／供給で終わらず、デフレ・インフレ論をもこの分類によって大きく異なることがわかる。）

③　資本主義の肝である内生的貨幣供給理論は通貨の価値帯同率の変化で説明できぬか？……名目価値と実質価値（A派とB派の違いと間違いが鮮明になる。）

17. アメリカの経済学者（学会）の多くは「新しい封建時代」に組み込まれているようだ。……（2023年7月18日）【7825】

出版されたばかりの書籍『世界最高峰の経済学教室』（広野彩子著　日本経済新聞出版）を読了しました。「現代経済学のトップスターたちが語る、最先端の知のワンダーランド、きっと社会の見方が変わる。世界を変えた研究と人間ドラマ」、「主に米国で活躍する世界最高峰の経済学者12名（7名がノーベル経済学賞受賞者）へのインタビュー……」と紹介されている。何はともあれ私は、「最高峰の経済学者」が何を言っているのかを感じ取ることにより経済学界の全体像をイメージし自分の立ち位置を確認したかった。印象はどうだったか？　……

①　12名のほとんどが米国のトップスクールの教授である…しかも彼らの「功績」はマクロ経済学ではなくミクロ経済学の分野である。なぜ？（「世界トップクラスの経済学者関連記事をまとめたのが本書であるが、専門分野ごとの理論的な詳細を精査するのは専門家の役割であり、ウオッチャーに過ぎない筆者の力量をこえる」と著者広野氏はことわっている。）

②　どうやらトップスターは概ねトップスクールに属していて、彼らへの評価はなにがしかの「権威」を備えている公的機関よりも、トップスクールそのものからなされているようだ。

さすれば最高峰の学者の意見を最高峰と評価するのは最高峰以下の学者たちなのだろうか？ノーベル経済学賞の受賞者を選定する人たちは、何をもって「賞に値する」と判断しているのだろう？　ひょっとするとノーベル経済学賞はほとんどなのかもしれないが……マクロ経済学に対する評価は（天動説やニュートン力学を否定しなくてはならぬほど）あまりにも難しく、ミクロ経済学の研究に対する評価のほうが選考委員会にとっては（無難）な「役割」だと思ってのことだろうと私は感じた。

③　アメリカ社会で人生を過ごすには、日常的な「職探し」が重要なことですが、学問の世界でも一種の職探し的なベクトルが強く働いていて、ミクロ経済学の方が、マクロ経済学で脚光を浴びるよりも自己発揮をしやすいのかもしれない。ミクロ経済学で脚光を集めれば社会で多くの講演をしたり、書籍を発刊したりと、企業や行政からの「お呼び」も遥かに多かろう。要するにトップスターはハリウッドスターのようなモノで、トップスクールは（イベントやファッションを売り込む）「大手広告代理店」みたいなものかもしれない。本書にも「トップスクールの先導でブームを起こす、例えばオークション理論・開発経済学など、近接分野である経営学の概念の場合は覚えやすいキーワードや一般向け経営誌の連載、啓蒙書の大ヒットなどメディアでの反響がより切っ掛けになりやすい」などと著者は吐露している。さらに「本当に影響力のある最先端の理論を生み出して勝負するには、その知的サークルの内

側、あるいはその内々の議論が耳に入り得るポジションにいることが大変重要である。そこに入りこむには世界トップクラスの人々に対して、タダいるだけではなく積極的に、リアルに顔を売っていかなければいけない」と著者の広野氏は指摘され、「経済学界で認められて尊敬されている実績の間の知名度や評価と、一般的な知名度と評価には大きな落差があることが多い」と経済学の世界の姿について、同書の最後で吐露されている。

以上を私なりに総括すれば「特にアメリカ発の経済学は、イベントやファッションを作り出すビジネス」のような、（つまり経営学も社会で禄をはむ学者にとっては自分の商品である）側面を備えていることを留意せねばならない、と広野氏は警告されているということ。またこの12人の中の2人の「世界最高峰の学者」は国債は公的債務であり、（そうでなければ）それは（自分にとっては）困った存在である、というようなことをインタビューで述べていることから、私は最高峰の学者でも財政規律派Aのごとく、深く貨幣論にまで遡ったマクロ経済学分野にまでは、考えが及んではいないような気がした。

18．国家戦略から観て均衡財政が良いのか、それとも積極財政が望ましいのか？（アメリカは自国以外の国々がAの均衡財政策を採ることはドルの国際基軸通貨体制を維持するのに繋がると考えているはずだ。）……（2023年7月22日）【7833】

通巻780号で「ロバート・ケネディ・ジュニア（RKJ）が通貨で奇抜な提言をしたが、全米メディアは無視。経済論壇も火中の栗は拾わず」を拝読しました。

前投稿文で私は「経済学的（経済学を装った）商品をビジネスとして開発することが今の米国経済学界の目的であり、その素材を必然的に難易度の高いマクロ経済学からよりも、既存経済社会のニーズ（不都合）に合致しやすいミクロ経済学から選んでいるのであり、マクロ経済学など二の次でいいのだ」と考えている？　と「穿った見方」をしました。

次に私は国家ベースでA（均衡財政）かB（積極財政）かを考えました。そこに見えてくるのは、米国がドルによる国際基軸通貨体制も含め、世界の覇権を握り続けるためには「（成長力の重要性を十分認識できていない）均衡財政Aの経済体制を米国以外の国々が採用し、（成長力のブースターとなる）積極財政Bを米国だけが遂行できる世界を敷くこと」が米国の国益だと（DS？　はそれが自分たちの利益に資すると）考えるはずだということです。ところが中国も「俺も米国と同じB型で行く！」と狙っていることが、事を面倒にしているのです。

この発想は、実は宮崎正弘氏のご著書『歪められた日本史』（宝島社新書）を再読しているうちに、「中国文化や仏教の日本への導入（侵入？）に関して、事の推移を政治的動きよりも上流に位置する生命体的・生態系的観点（つまり生の価値論）から俯瞰しながら書いておられる書籍である」と私は感じ取ったのですが、経済の話も理論云々よりも**行き着くところは生命体的要素の優越性が実世界のありようを決めていくのだろう**と思ったのです。つまり、マーストリヒト条約でのＥＵや財務省の（都合が功を奏して）自縄自縛に陥った日本などのＡ型国家群がＡ体制を、大国米国がＢ体制を敷く世界こそが米国にとっては最も望ましく、それに沿ったベクトル（諸策）を強化することが彼らの当面の目的となるはずだということです。換言すれば 貨幣イコール価値であり国債イコール国家の債務であると規定し、その自縄自縛的で強固な制限の中で経済運営を目指すＡ型国家からなる国家群を、貨幣イコール価値ではない（つまり、目的はあくまで価値の獲得にこそあり、通貨はその手段に過ぎないとする）Ｂ型体制を確立することが覇権国家にとっても相応しいものだとするのです。財政健全派的経済学と積極財政派的経済学のいずれかが理論的に正しいか否かではなく、覇権国家にとっての分岐点は「自国はどちらにするか、他国にはどうさせるべきか」ということが肝心なのであり、Ａ型国家を増やし「育成」することは米国にとっては「世界を監視し、指導」するのに適した体制であることは明らかでしょう。しかるにそのような方向性に沿った経済学をトップスクールたる「世界の最高峰」から「学問的に」発信させることも一策になるということです。

日本がＡ型国家を選択すれば、日本の富は縮小し、資源国家は努力なしに豊かになってしまいましょう。これを認めるわけにはいかないはずです。いや、日本のように資源がなくても努力・工夫次第で豊かになれる制度を維持することがわが国にとっては何よりも重要な要素のはずで、わが国もＢ派の国家に入り込まねば、それこそ亡国へ向かって歩くことになりかねません。

19．無借金経営を目指す企業努力が、銀行借り入れを減らし、その債務不足が通貨不足を齎しデフレ脱却への足を引っ張った。……（２０２３年７月28日）【７８４０】

① これまで私は、「貸借関係が価値と貨幣を、そして債権と債務を生んだ。債権と債務は常に等しい。債務がなくなると同時に債権もなくなる。債権・債務がなくなると貨幣通貨も消えてしまい、経済活動もなくなる。デフレの行き着くところは、経済発展・成長がストップした状態を指す、ということがマクロな経済学原論であるはず」と述べたつもりです。

② 金融緩和とは何か？ それは「民間がお金を借りやすいと感じる環境を政府・中央銀行が民間銀行を通じて提供するのであって、実際に民間がお金を借りるという行為を実現する（させた）ことではない。しかし、国（政府）が「赤字予算」を組み借金をするとなると、それは、即、通貨が市場に増え流れ込むことになり、それは環境づくりではなく、通貨量の増大を目的とすれば実効性と確実性ははるかに高いものです。

③「WILL9月号」で「花が咲き、実ったアベノミクス　今、日本企業では百八十度の大転換が起こっている」と勝又壽良元「週刊東洋経済」編集長は以下のように指摘している。

「三十年ぶりに、日本経済に陽が当たってきた。ここまで回復した要因はどこにあるのか。……従来の日本企業は、守りの姿勢一辺倒でした。……できるだけ出費を少なくして営業赤字や債務超過などの、事業活動継続の障害を除くことに力点を置いてきた。その結果が、内部留保（約五百二十兆円）を貯め込むことになり、実質「無借金経営」が理想とされた。これが、バブル崩壊後の経営苦難期が生んだ教訓だったのです。……日本の上場企業の五九％が実質、無借金とのこと。ともかく、日本はバブル経済崩壊後、借金を抱えないことを第一にして経営を進めてきたのです。ところが、生産年齢人口の本格的な減少傾向が顕著になってきた。……これまでは、（賃上げを渋ること）を維持しましたが、これからは人手集めに必要な賃上げをしないと、企業を守れないという大転換が起こっている。『人手不足』という巨大な内圧が、内部留保に励む日本企業の思考に一撃を加えることになったわけです。……」

以上のように無借金経営化の成就が、日本企業を強くした原因だと勝又氏は捉えておられるようですが、私はそれはアベノミクスとは別のモノであり、アベノミクスの積極財政策が「花を咲かせ実らせた」のだと思います。

④　上記20－①、20－②、を勝又氏の記事と重ねると、無借金経営企業への努力が、銀行借り入れを減らし、通貨量を削減し、日本をデフレに向かわせた大きな原因ではなかったか。つまり、「債務不足」は通貨不足と繋がりますから、それが日本経済の回復を阻害してきたと言えましょう。しかし、債権と債務は同額が同時に生まれますから、企業が無借金経営をすると、債権者もこの世にいなくなってしまうのです。債権者のいない世の中では、経済活動も低調であるか存在しないはず。勝又氏の言われる大転換が、さらなる無借金経営のままに推移するならば、デフレは消えることはないように思われます。そして、国家債務が財政省・財政健全派の言うように税金で償却がなされるのであれば、通貨をさらに税金が吸い上げてしまいますので、再び深刻なデフレに日本も苦しむことになりましょう。

⑤　**かように日本企業がますます無借金経営に進むのであれば、社会に、通貨を供給する（＝つまり債務を増やす）メカニズムを本格的に用意せねばなりません。そして、これを担うことができるのはいまのところ、ただいわゆる「赤字財政」をもっての積極財政策であるということになろう。**

⑥　なお、ここで忘れてはいけないことは、通貨量が潤沢である（＝債務が十分に存在すること）だけで経済活動が活発になるのではなく、あくまで経済活動の主体者の努力が、経済成長（＝新たな価値を創造する）に繋がったものであるかが肝心であり、さもないと、インフ

レに向かってしまう。簡単に言えば、いくら潤沢な通貨が存在しても、それだけでは経済的繁栄は期待できないのであり、これを端的に示しているのが、（新たな価値を生み出さない）不動産バブルという、先進諸国の後追いという成長因子を使い果たした中国経済の現状であると思います。

20. 名目通貨からなる累積国家債務を実質価値通貨で相殺はできないし、そもそもそれは道具・手段の集積であり、価値の債務ではない。……（2023年11月21日）【8014】

なぜか日本のことを書いた本を読みたいと思い、先週は『国土が日本人の謎を解く』（大石久和著　産経新聞出版）を3年ぶりに再読しました。「なぜ日本人はここまで世界の人々と違うのか。大量虐殺の歴史を持つ国々と、災害死の歴史の国・日本の違いがそれを生んだ。日本独自の地理地形や天変地異、災害の歴史を、私たちはどう乗り越えてきたか。愛する者を奪った自然を恨みぬくことができない我々と、『正義の殺戮がある』と考える他国は、良し悪しではなくただ違う」と帯にあります。同書が示すことは、要するに殺戮から逃れることを最大の歴史的目的とする「他国」はそのための防御策を得るために、日本は多岐にわたる災害から生命財産を守るために、それぞれ「積極財政策」（＝資本主義時代で言えば、国家単位でも内生的貨幣供給理論）

を取らざるを得ないという宿命を（人類は）背負ってきたのであり、これからも同じことを繰り返すのです。

岸田総理は「成長の果実（税収増）を国民に還元すると言ったら、財務省がそれは国家債務と相殺されてしまってもう還元等できないと。梯子を外され窮地に陥った」と報じられています。私はなぜこの間違いに誰も気が付かないのか不思議です。そもそも……、

1．均衡財政派の理論は「赤字財政は価値の裏付けのない「お金」を印刷し、政府の支出に使う仕組みは邪悪であり、これはけしからんことだ」から始まっています。そして、「この価値なき「邪悪」通貨が堆積したものを国がかかえる累積債務と称しています。

2．ということは、「価値の裏付けのない国家債務を、なぜ、すでに価値が十分に帯同されている税の増収分で「相殺」できるのか？」のでしょう。誰でもわかる「無いモノを有るモノで消すことは出来ない」のです。

3．つまり税増収分は財務省が「相殺した」と言っても実際は、財務省の手の中に隠され残っているのです。これをさらなる価値創造に利用せねばなりません。それは民間に還元するという方法でもいいのですが、もっと喫緊の使用目的は幾通りもあるのです。

日本はやむことのない大規模自然災害から、「他国」は大量殺戮から身を守るために、もともと不可避的に「積極財政論国」であり、それをもって日本・他国は困難を何とか乗り越え、構築・維持・発展できてきたのです。その上、わが国・日本は、世界動乱の嵐に巻きこまれ、自然災害のみならず大量殺戮からも自国民を守るために（二重の）「積極財政策」を取り入れざるを得ない時代に置かれるようになっているのです。

21．積極財政論の原点は不可避性に対応する「宿命的施策」だ。…（2023年11月22日）【8016】

通巻8014号にて「積極財政策の本質は人類の宿命たる不可避性」にあることと「積極財政のメカニズムの一端」を記しましたが、少し補足させていただきます。

補足1：自然災害（日本）や大量殺戮（他国）から身を守るためには「予算の範囲でとか、税収の範囲内で」など「のんきなことを言っている場合ではない」といった、人類が背負っている（生き残りのための）不可避性に対する宿命的「施策」こそが積極財政論の原点であると『国土が日本人の謎を解く』（大石久和著　産経新聞出版）は以下のように示唆しています。

（要旨）歴史上長きにわたり、気候や気象変動による風水害や飢饉に加え、地震・噴火などの自然災害によって、多くの日本人が亡くなっていった。では、世界の人々も同じであったのかというと、そうではない。わが国以外の世界では、凄惨な大量虐殺の歴史だった。アメリカのランド研究所は、「紀元前三六〇〇年頃から今日まで、平和だったのはわずか２９２年しかなく、この間に１４，５３１回の戦争があり、三〇億四〇〇〇万人が殺害された」との報告をまとめているという。海外での紛争は多数の人間の殺戮を伴なうものであったが、シュメールでも中国でも城壁をもたなければ、大勢が暮らすことができないという都市の形を生んできた。世界文明の原点になっているシュメールから、ギリシャ―ローマ・中世ヨーロッパに至るまで、人々が多く集まって暮らす地域はすべて都市城壁で囲まれていた。大変な費用や労力のかかる城壁を建設しなければならなかったのは、それらがなかったために、惨劇を何度も経験し、学習してきたから。シュメール人は灌漑設備を持つ農耕民族だったが、シュメール人が五五〇〇年前に都市国家をつくったときにはすでに、この地域の乾燥化や寒冷化が進み始めていたようで何年かに一度は食べ物が不足した遊牧民族や山岳民族が食料を求めて、シュメールの集落を襲ったに違いない。彼らが食糧を収奪していく際に、多く惨殺されるという経験を何度もしたからこそ、都市国家全体を城壁で囲むという、厖大な費用と手間のかかる事業を決断せざるを得なくなった。

第5部　マルクスが知ったら驚く「時間的リスクを地政学的リスクに大転換させたオプション利潤源泉説」を説く

オプションは、生態系におけるすべての生命維持活動、つまり自分にとって価値あるものを得て、他者にとって価値あるものを与えるという「相互主義」によってなされる代謝であって、これ無きモノは生命体ではない。植物は炭酸ガスをもらい、酸素を提供する。単細胞動物はほぼ決まったモノを得、決まったモノを与えるが、高等動物になるにつれ、その種類は増えてくる。そしてヒトとなると更に増え、社会経済が飛躍的に発展するに従い、「何を与え何を得ればより生存に資するかを選択するオプション戦略」が生命体としての人には不可欠なのだ。この世の見えない人間世界では、通貨ベースではなく、価値ベースの人間の経済活動が大規模にそして「粛々と」行われている。

【７６３０】（分子生物学的代謝機能と「協奏」するオプション利潤源泉説をマルクスなら納得するのではないか）

ＡＡＡ：ロンドンで石油のトレーディングをしていた頃が懐かしいので、「世界の食糧・資源・エネルギーを陰で動かし、巨額の利益を享受していたコモディティ商社」の本「THE WORLD FOR SALE」（ハビアー・ブラス／ジャック・ファーキー著　日本経済新聞出版）を再度読んでみた。「そうだったな〜。そうだったのか〜」を連発して読み進んでいく中で「アレッ!?　書かれてしまったな〜」と先を越されたような気になった部分がありました。それは「**なぜあれほどコモディティ商社が活躍し、巨額の利益を上げることができたのか？**」という疑問に対し同書は、**私が20年以上前から「温めて」いた一般の経済活動に関する「利益の源泉はどこにあるのか」という疑問に対する答えと同じ答えを「披歴」していることに気づいたからです。同書の答えとは？**　「コモディティ商社の利益の源泉はオプション性を保持し駆使してきたことにある」（２４６ページ）ということなのです。

ＢＢＢ：以下は私が、だいぶ前ですが、まとめたものです。これを一言でいえば「利潤の発生源はオプションにあり」という内容です。

■オプション利潤源泉説

方程式風に書くと**（変化後の環境）マイナス（変化前の環境）イコール（ニーズ）**であり、そのニーズをカバーする仕組みを構築すれば利益が生まれる。しかし、売り買いの場合**（売り上**

げ）－（仕入れ及び諸経費）＝（利益）とは商売の出口である結果にすぎない。商売の入口は「相手には出来るだけ少ないオプションを与え、自分は多くのオプションを確保する」仕組み（契約）作りから始まり、その契約を履行する中で利益が生まれていく。商売はオプションの総量の多い方が利益を得て、少ない方が損失を被りやすいのです。

実際はオプション戦略は多岐に亘りますが、上記の説明を単純な例を使うとわかりやすいかもしれない。Aさんが買い手、Bさんが売り手とする。Aさんは商品Cを買ってもいいと思っているが、緊急に必要とはしていない。AさんはBさんに「Cをいつでも良いからもってきて！　値段や数量は任せる！」という。つまり期限・数量・価格といった条件を自分が決めることを放棄しているという「状態」なのです。これならBさんはAさんが今すぐ必要というわけではないので、しばらく市場の動向を見ながら、安く仕入れができるタイミングを見計らって、しかもできるだけ大量に仕入れできる機会を待つことにしようと考えるわけである。ここまでが仕組み（契約）作りです。それから（多くのオプションを得た）Bさんは実際に仕入れ行動を起こし、その結果、多くの利益を得ることが可能となるのです。

■経済学との接点

経済学では利益の源泉はどこにあるのかが研究され、市場の誕生以前は略奪・掠奪・海賊・奴隷狩りなどの「不等価交換」から利潤が得られ、その後、同一国家内や文化圏内で市場が形成されると等価交換がなされるようになったとしています。

さらに時を経て、モノやサービスの価値が異なる市場を結ぶ文化圏の相違をまたぐ地理的遠隔地間貿易が始まると、そこに利潤が生まれた。

マルクスは18世紀後半から始まった産業革命を見て、労働力が、人間が日々消費する生産必需品の生産に必要な労働力以上の剰余価値（利潤）を生み出すと分析し、この価値（利潤）を産業資本家が搾取しているのだとの理論を構築したと経済学の本に書いています。

しかし、産業資本主義が発展するにつれ労働生産性と実質賃金率の差が縮小し、企業は他の企業より高度な技術で消費者に魅力的な商品を新しい市場に提供するために、今までとは異なった経営手法を導入しなくてはならず、そこでイノベーションが利潤を創出するのだと指摘したのがシュンペーターであるとしています。以上の如く利潤の源泉はマルクスの剰余価値かシュンペーターのイノベーションにあるというのが、経済学上の主だった理論であったようです。このような理論に対して**私の「理論」はオプションの多少に依って利潤が売り手にいくか買い手にいくかが決定するとしたものです。**１９７０～80年代から始まったと言われる「グローバル化」を経て現在に至る環境に於いては、私の経験からなる「オプション利潤源泉説」が収まりがよいように感じるのです。

以上をお読み下さった読者はきっと「アー、そうだったの」で終わるのではないでしょうか。しかし、現代経済学が説得力を失っている原因は、このオプションということへの検証・洞察・関心がなされていないことにあると私は思うのです。**現代版インフレ・デフレ論がオプションと連結していることや、生命体である人間が生態系の中で曲りなりにも「進化？」できてきたこと、更に資本主義制度が豊かさを齎せた原因も「オプション」にあるのだという、私の説と同じ趣旨を唱える学者は、今のところどこにも現れていないと思いながら、「THE WORLD FOR SALE」は私の考えの「妥当性？」を支持してくれているような気がしているのです。**（2023．2．10．）

【8053】（世界標準の商売では取引の時間的リスクを地政学的リスクに変換し軽減せんとしているのだ）

新刊本『穀物の世界史』（スコット・レイノルズ・ネルソン著　日本経済新聞出版）の帯には「戦争や革命勃発の背後にアメリカ産小麦の存在―ロシアのオデーサ建設など興味深い逸話を交え、穀物が帝国や都市の盛衰に果たした決定的役割を描き、従来の歴史観をゆさぶる注目書。」、「私が読んできた歴史書の中で最高の作品だ。日々のパンを求める人々の労苦を、戦争・帝国・

革命・征服へと変えていった歩みを解き明かしている……ヨーロッパの穀倉地帯や古代の交易路から、米国の南北戦争・奴隷制の打倒・帝国建設・第一次大戦・ロシア革命・現代世界を作り代えた人々を紹介してくれる」（ワシントン大学アンディ・ジマーマン）と書かれている。

私は「パルヴスはこの戦争（の原因）が穀物であることが判っていた。どの国であれ、黒海と地中海をつなぐ海峡を制すれば勝利を収めることになると考えた」（p116）を読んで、アレ？パルヴスってあの渡邊惣樹氏の「虚構のロシア革命」で封印列車をアレンジした「武器商人のユダヤ人」と同じ人物なのかな？それにしてはパルヴスという人物の取り上げ方の〔重要度〕がかなり違うなと思い、『虚構のロシア革命』をわきに置いて本書を読みました。そして『虚構のロシア革命』は専ら「政治的なイデオロギーの川の流れ」を論じていると思うのですが、この「穀物の世界史」は川の流れの源流がどこにあり、それがいかようにこの世に流れれば、そこに住む人間の地政学的環境を変えていくか、といった「穀物という死活的価値」を起点に、そしてパルヴスの思想に沿ってこの本が語っていると思いました。私にはそれゆえに、今のロシア・ウクライナ戦争の源流がそこに本当は繋がっているのだろう、と暗示させてくれるのです。

経済学を分子生物学の「代謝」つまり生命体にとっての価値の代謝から始めるのではなく、通貨を以て論じてきたことが多くの「戸惑い」を経済学に齎せた原因だと私は思うのですが、同様

に国際政治を人間にとっての、代謝という分子生物学的で死活的価値たる食糧から辿ることの重要さを感じさせてくれました。（２０２３．12．17．）

【８０５８】（通貨ベースではなく価値ベースの根源的交換行為説では〝オプション利潤源泉説〟が成立する。これは時間的リスクを地政学的リスクに移転し、それを軽減せんとしているのだ）

通巻８０５６号関連

(A)　初歩的な「商売形体」は「単細胞的」なのです。例えば（高橋商店が）80で買って１００で売れば20の利益が得られますし、１００で買って80で売れば20の損が出ます。これだけです。しかし、私がロンドンやニューヨークで経験してきた世界標準の商売はかような単純なものではありませんでした。

(B)　金額が大きい石油を使って簡素化した例をあげると……（シフ商店は恐らく）何も起きぬ状態では中東原油を80でロングし、同時にアメリカ原油を60でショートするようなことを常時行います。しかしその後、ボスポラス海峡で戦争が起きたとします。すると１００で売れると予想していた中東原油が１５０になり、反対にアメリカ原油は40で買えると予想していたのが、実際は70で買わなくてはならなくなります。なぜならボスポラスにおける戦争に対する石油の反応度は、欧州向けが多い中東産の市場価格は大きく、産油国アメリカの市場価格はそれほど値上がりしませんから。つまり、中東原油では150マイナス80＝70の利益が得られ、他方アメリカ原油では60マイナス70＝10の損失となり、双方で60の利益が得られたわけです。

以上は単に石油同士の取引を例示したものですが、石油と他商品でも使うことができますし、モノや商品ではなくても（何らかの）「価値」であればよく、「政治的価値＝外交的成果」でもよいのです。この複雑な組み合わせからなる多くのオプション・選択肢を可能な限り保有することが、商売の肝であり、かような取引ができる体制を企業や国家ベースでも行える体制を敷きながら歴史を重ねてきたユダヤ系の組織体がこの世で力強く生き延びて来られたと言えましょう（これはお気づきの通り、生命体の代謝機能と同じなのです）。

経済学では市場の誕生以前は略奪・掠奪・海賊・奴隷狩りなどの〝不等価交換〟から利潤が得られ、その後、同一国家内や文化圏内で市場が形成されると等価交換がなされるようになったとしています。さらに時を経て、モノやサービスの価値が異なる市場を結ぶ文化圏の相違をまたぐ地理的遠隔地間貿易が始まると、そこに利潤が生れた。さらにマルクスは産業革命を見て、労働力が人間が日々消費する生産必需品の生産に必要な労働力以上の剰余価値（利潤）を生み出すと分析し、この価値（利潤）を産業資本家が搾取しているのだとの理論を構築したと多くの経済学の本に書かれています。しかし、私は**マルクスが〔B〕を知ったら、私の造語ですが〃オプション利潤源泉説〃を唱えると思います。**

要するに「日ロ戦争に係る（シフによる）日本の外債購入は、商業から離れた異常な取引なので、到底、普通の発想で評価することはできません」は世界標準からみれば「商売から離れた異常な取引」ではなく、国際的スケールでの地政学的知見を〔B〕のように組み込んだ複雑化した取引であるのだ。もっとはっきり言ってしまえば、これが国際間でなされる外交の姿であり、日本の外交は外交とは言えない代物なのです」ということ。「昭和天皇もイスラエル大使が信任状を提出する際、昔のお礼を述べられて大使を感激させました」のではなく、（違った意味で）「大使は大変（戸惑い、そして）驚きました」が本当だったのではないかと思うのです。（2023．12．20）

【8061】（取引の源は生命体の代謝と同じであり、通貨ベースではなく価値ベースの交換行為である）

貴誌８０５７号で、世界標準の取引の〔Ｂ〕とは生命体の代謝運動と同じで、（与える＝ロングポジション）と（受ける＝ショートポジション）からなり、人間は「時間的リスクを地政学的なリスクに転換する」と記しました。

それは人間にとって予測できない時間的リスクをある程度予測可能な地政学的リスクに軽減させる行動をとるということです。換言すればそれは「（通貨ではなく価値ベースからなる）複式簿記的なこの世を、時間軸からなる（通貨ではなく価値ベースの）損益計算書の役割をなるべく消去し、現時点での状況説明を専らとする（時間軸を伴わない価値ベースの）貸借対照表に収斂させたいということなのでしょう。まさに「時間軸に支配されるエントロピーの法則に先回りして（時間軸から脱出して）生存を確保しようとする人間の宿命」そのもののように思います。

さて通巻８０５８号・60号の、宮崎正弘氏の志村史夫著『古代日本（世界）の超技術（新装改訂版）』（講談社ブルーバックス）についての書評はとても興味深いものでした。なぜならば、人類が行ってきたことはまさに時間に纏わる（＝時間がもたらす）リスクというものを必死に、そして黙々と消去・軽減しようとしている姿のように私には見えるからです。人間の生命体としての活動は「時間軸を消去（＝超越）し何事も将来を今に埋没させたい」といった宿命を改めて感じさせられます。まだ誰も指摘していないと思うのですが、以上を整理すると、「時間軸に支配されるエントロピーの法則に先回りして（時間軸から脱出して）生存を確保しようとする人間の宿命」をまさに実行するために、「人間は時間的リスクを地政学的リスクに移転し、それを軽減せんとしているのであり、これがマキンダーの地政学をも生み出したのである」ということだと思うのです。（2023．12．22）

【8306】（価値と価格は必ず乖離する）

貴誌通巻8303号で「**時間的リスクを地政学的リスクに移転し、リスクを軽減せんとする手法が『オプション利潤源泉説』である**」と申しましたが、知人から「そのような学説は経済学でも地政学でも聞いたことがないし読んだこともない。お前は何を根拠に、この源泉説を記したのか？」と問われました。

その答えは「世界の学者の誰もかような理論（仕組み）を明らかにした人は居ないはず」というより、学者はかような仕組みの商売があることを知る機会はないでしょうし、かような商売形体が、「外交」に組み込まれていることなどに想いを巡らせた政治学者もおりますまい。しかし死活的価値である資源・エネルギー・食糧などのコモディティ的な商品や大型プラントや武器等を「大々的且つ複合的」に売り買いしている組織や人物は熟知していますが、かようなことを彼等が敢えて口外する（「見える化」する）ことはまずありません。この商売は少額商品では管理が難しいので、ほとんどは大変高額な商品であるにもかかわらず、時として電話一本で頻繁になされています。

専らロンドンやニューヨークではかような骨格を各種の商売を寄せ集め、全体の姿を整えるオペレーションが（全体像を晒すことなく）日常的に行われていましたし、やはりユダヤ系の人が絡んでいることが多かったような気がします。このオプション利潤源泉説の肝は、ヒト・民族・国家が心の中に持っている各々の価値は通貨で表される価値とは異なっていることを利用してこの複雑な取引が構築されているということです。

即ち価値と（通貨で表される）価格は必ず乖離していて、この乖離から利益を絞り出そうという（『濃密な』価値論なくしては存在し得ない）メカニズムなのです。

これを今の日本に引き付けて照らし合わせると「価値イコール通貨」を前提にしている（天然価値や人工価値、そして名目通貨と実質通貨の存在をイメージできない）均衡財政派の人々や、外交の基軸を専らフィシスの世界に於いて国際関係を論じる人達にはイメージすることが難しい形態なのです。（2024年6月26日）

おわりに

【8166】（資本主義社会ではお金（名目通貨）が天から降ってくる制度になっていて、その仕組みが組み込まれている制度こそが資本主義なのだ。ただし、天からのお金の降り方は均等ではなく、富裕層に偏ってお金が降ってしまうようになっているのだ）

テレビのニュースでまたぞろ「24年度の骨太の方針」をまとめる（いやに多くの審議会委員が集まっている）会議の様子が目に留まりました。会議の方向性は相変わらず「累積赤字をどう減らすかといったことにある」と審議会長代理が言っていましたが……、本屋に行けばかような旧来型経済学の誤りを縷々説明した書籍は最近は増えているのに……、最近はやっと欧米の有力経済学者達も、積極財政理論への理解が深まってきたようだが、我が国はまだ「ザイム真理教」の信者だらけのようです。

財政健全化派は何かというと「天からお金が降ってくるはずがないではないか！」と言いますが、（シュンペーターが口を酸っぱくして言っているように）資本主義社会ではお金（名目通貨）が天から降ってくる制度になっているのです。否、その仕組みが組み込まれている制度こそが資

本主義なのです。タダ天からのお金の降り方が均等ではなく、富裕層に偏って「お金が降ってしまうようになっている」のが格差や格差に伴う社会問題を惹起しているのです。そこでこの問題をどう改善するかを考え、提案することこそが審議会の仕事であるはず。それなのに相変わらず、彼らは国家の赤字対策が最も必要だと信じている。経済学的には「赤字をなくすという方向性」が経済取引量を縮小させ、結果的に経済活動全般の足を引っ張り、失業者を増やし、ひいては社会の安定を損なう元凶になっているのに、審議会委員達にはそれがどうしても判らないようだ。

そこで「どうする日本経済⁉」であるが……まず（1）緊急時での銀行への国家の信用供与を避ける便法を考え出すこと、（2）既存の「内生的貨幣供給理論の弊害部分を民間銀行の融資制度から出来るだけ除去する方法を考え出すこと、**（3）国家財政の方向性として公共事業などの死活的価値は出来るだけ国債を財源とし、欲望的価値分野は民間活力を鼓舞するために民間銀行の融資で賄うような、そのような工夫が必要なのである。**（2024年3月7日）

【8169】（「空からお金が降ってくる」という話となると、ほとんどの経済学者は信用貨幣説から商品貨幣説論者に変身するのはナゼだ？）

通巻8166号にて私は、「財政均衡・健全財政派は『お金が天から振ってくるはずがないではないか！』といいますが、（シュンペーターが口を酸っぱくして言っているように）資本主義社会ではお金（名目通貨）が天から降ってくる制度になっているのです。否、その仕組みが組込まれている制度こそが資本主義なのです。タダ天からのお金の降り方が均等ではなく、富裕層に偏って『お金が降ってしまうようになっている』のが格差や格差に伴う社会問題を惹起しているのです。」と申しました。

さらに指摘したいことは、「天から降ってくるお金」とは積極財政派の人達もザイム真理教の人々も共に「巷で経済活動に使われている、つまり価値を帯同しているお金」と同じお金、つまり「商品貨幣説でいうお金」と思いこんでいる誤りについてです。もっとおかしいのは、彼等だけではなく、その他ほとんどの経済学者達です。彼らは日ごろから商品貨幣説は経済学的に誤りであり信用貨幣説が正しいとする「正統派経済学」に沿って、いろいろな論陣を張っているにもかかわらず、ことこの件に関すると「変身」して「天から降ってくるお金」を「商品貨幣説でいうお金」と見なして論を張る（否、論をスルーする）のです。

ポイントは「天から降ってくるお金」とは『(内生的貨幣供給理論で創られた）価値を帯同していない名目価値通貨』のことであり、それは『(すでに巷で経済活動に使われている）価値を帯同している実質価値通貨』とは別物であるという「現実」なのです。（2024．3．9．）

【8176】（商品貨幣説をまだ抱えているのは、均衡財政派の人達ばかりではなく、積極財政派の人達にも残存している。それは双方とも「融資に際しての民間銀行の融資額が常に資産として記帳されている現実に、積極財政派も異議を唱えて来なかった」ということから分かってしまう。つまり誰も会計学と経済学の不整合に気づかなかったか、気付いていたものの、黙っていたほうが良い理由があった（今もある？）ことを示している）

貴誌通巻8174号にて私は「資本主義国のほとんどの民間銀行は融資の際に『天から降ってくるお金』を原資として貸し付を行いました」と簿記に記帳しているのに、『天からお金が降ってくるはずがない』と言ってきた人達はそれならなぜその「記帳の誤り？」を指摘しないのか？と疑問を呈し、そのわけを彼らは「貨幣・通貨とは何か？という経済学の出発点を彼らはまだ弁えていない」のだろうと申しました。

この貨幣論に関しては、（物々交換との連想で）商品貨幣論が主に唱えられてきたが、その後の研究で「信用貨幣論」が貨幣の本質と見なされるようになりました。つまり貨幣・通貨とは「貸借関係と価値量を示すための道具・情報・触媒であり、価値ソノモノではない」という説（＝貨幣・通貨の存在自体は価値の存在自体ではないということ）が今は（学問的には）定着しているはずなのです。それにもかかわらず、財政均衡論（＝健全財政論）者にはまだ「商品貨幣説の尾骶骨」が残っているようなのです。

ところが問題を更に複雑にしているのは、この商品貨幣説の尾骶骨をまだ持っているのが、均衡財政派の人達ばかりではなく、積極財政派の人達にも残存しているということです。その原因は、「融資に際しての民間銀行の融資額が常に資産として記帳されている現実に、積極財政派も一切異議を唱えて来なかった」ということ。つまり誰も会計学と経済学の齟齬に気付かなかったか、気付いていたものの、黙っていたほうが良い理由があった（今もある）ことを示しているのです。

私自身はその両方だと思うのですが、特に後者は（飛躍していると言われるに違いありませんが）この「齟齬」こそが、マルクス・エンゲルスを生み、多くの革命運動やあのカレツキーに端を発すると思われる新刊『新しい封建制がやってくる—グローバル中流階級への警告』（ジョエル・コトキン著　中野剛志解説　東洋経済新報社）を生み出したのだと私は考えているのです。

（2024年3月15日）

■本書は既刊：2022年2月発刊の『価値論なき『ロゴス経済学』の限界』（三省堂書店／創英社）の「解説書」と位置付けたものであり、（文中では「私」という単数で表しましたが、長兄（＝足立誠也）はこの刊行を待たずして逝ってしまいましたものの）内容は既刊書と同じく我々三人兄弟の「共著」です。皆それぞれの退職後は、読書に親しむ時間や、毎週日曜日に集まり意見を披瀝する機会を持つことができるようになりましたが、次第に読書量が増えれば増えるほど、自分達はそれまでの人生で「この世」のことについて何も知らなかったことが、遅まきながらわかってきました。「自分達は今まで何も知らなかった」。そして「この世のカラクリ」を無性に知りたくなった。人間とは一体いかなる生命体であるのかをまず知り、生命体を存在させている環境がどのようなものであり、それがどう人間と関係しているかの構造的メカニズムを探りたい。そのためには、先端的分子生物学から宗教・哲学に至る広範囲の各分野までに目を配る必要に迫られよう。また、あらためて一つの事象をより深く理解するにも、多岐にわたる学問的アプローチが不可欠であろう。しかし他者が唱えていることを集めて「この世を知る」のではなく、自分の頭で常に時間軸のある動的な対象として、「この世のカラクリ」を描くのだ……。

今感じるところは「この世は〝これまで〟がこれからを決め〝同時に〟これからがこれまでを決めている〝動的な現象らしいことが〟わかってまいりました。そして徐々に「この世」はいかなる構造になっていて、どのようなメカニズムで動いているのか?を三人の共通テーマとし、さらなる読書やブレーンストーミングに傾注していくことになり、そこから生まれたのが既刊書と本書です。

■ここで全体的感想を述べたいと思います。

1. 人間社会は「同じ」から成り立っていて、経済行為とて「同じ」を追求し、経済学は「同じ」をたどることだ。人間が生きているということは、あらゆる生命体が、例えば植物は炭酸ガスを得て代わりに酸素を放っているように何かを得るために、何かを放出している。つまり「代謝している」。生命体の代謝は常に得るモノと与えるモノが「同一＝等価」になるように動いているが、その前提として、得るモノが「自分にとって相応しいモノ、必要なモノであるか」を選択しなくてはならない。そしてその工程では生命体が生態系の中での優越的に必要なものをできるだけ多種類にわたって保有するという「同一＝等価」を目指す「交換行為」におけるオプションを持とうとしている。「物質的には人は細胞の塊である」とすると、まさに「時間軸に並走する人生活動はレシプロシティの塊」なのだ。

2. 「グーグルの開発研究者だったブレイク・レモインは『生成ＡＩはすでに意識を宿した』と唱えた」ようだが、彼の（断定的？）な考えに疑問を感じました。なぜなら「意識はどこから誕生するのか」についての考察が見えないから。生命体は死が決まり切っている生命体だけが何とか生き続けたい、死にたくないという「意識の源泉」を持っていて、「死を恐れる（＝畏れる）」からこそ人間は意識を生むことができるようになったと考えられる。それは「生まれてから本当の死を待つ」生命体（細胞も代謝のストップを恐れているし、植物も同じく枯れることを恐れている）の中でも、人間だけが感覚の世界を経由して意識の域まで到達し、それを以って社会が構築されてきたわけも、死ぬことを宿命とするにまで昇華できたヒトに限って、この世を創造できたのだろう。しかし生成ＡＩは「人工的な恐れ（畏れ）や死」しかその「機内（体内）」に宿せない天然価値の存在しない人工価値だけの世界にだけにしか「生きてゆけない」代物なのである。

3. ヒトは心の中に宿る、他人の知ることのできない、この内なるモノ、すなわち天然価値の世界を、ヒトは言語を発明することで初めて外部に持ち出し、「社会化」つまり人工価値化することで、多くの人々と意思疎通ができるようになった。同様に、ヒトは他人が知ることのできない、自分の心の中に宿る天然価値の〝質や大きさ〟を便宜的に〝数字で示し〟貨幣という運搬用の「入れ物・荷台・触媒」を創造した。ちょうどこれは経済活動において、天然価値を人工価値化する媒体（道具）が貨幣・通貨であるように、絵画・音楽・詩歌などなど凡ての〝芸術活動〟とは、言語や貨幣・通貨同様に天然価値の世界と人工価値の世界をヒトが〝行き来する〟（往来する）ことが出来るようにした媒体（手段）であるともいえよう。

要するにこの世の人間の営みが創り上げたすべての文化・文明も人間同士の心の情景も全て「代謝＝レシプロシティ」という「多くの価値から『同じを判定する』」と「死に対する（畏れ＝恐れ）」を源流として営み育んできた「結果」であり、パラドックス的に「死がこの世のカラクリを創り上げた」と言ってもいいのかもしれない。整理すると、この世のカラクリとは「人間の死への畏れが時間を生み、時間が存在（＝価値）を担保し、存在が意志の社会化を齎す言語と価値の移動・保存を可能せしめる貨幣を以って文化・文明世界を生み出した。富という状態（＝概念）はヒトが貨幣・通貨を生み出したことで出現（認識）し、その肥大化が格差社会をこの世に出現させた」のだろう。（完）

令和七年二月七日　足立誠也
誠之
誠郎

〔著者略歴〕

足立誠也：慶応大学経済学部卒。帝人株式会社ウイーン駐在。東欧市場に於ける繊維・石油化学・プラント分野等の商圏開拓と東欧地域に関する情報収集活動。帝人・スウェーデン医療機器会社との合併会社社長。

足立誠之：慶応大学法学部卒。東京銀行ニューヨーク支店北京駐在員事務所長、ジャカルタ支店長、カナダ東京三菱銀行頭取、インドネシア中央銀行顧問

足立誠郎：慶応大学商学部卒。丸紅ロンドン支店にて国際間石油トレーディングに従事。ニューヨークにて石油に係るトレーディング会社のCEO。ニューヨーク商品取引所正会員資格取得。その他石油製品輸出入及び流通大手とガソリンスタンド網の構築に従事

大経済学
天からお金が降ってくる―この世のカラクリ

令和7年2月7日　初版発行
著　者　　足立誠也　足立誠之　足立誠郎
発行・発売　株式会社三省堂書店／創英社
〒101-0051　東京都千代田区神田神保町1-1
Tel：03-3291-2295　Fax：03-3292-7687
印刷／製本　株式会社フォレスト

ISBN978-4-87923-284-7　C0033